保育者のための アンガーマネジメント入門

感情をコントロールする基本スキル23

野村恵里 著

中央法規

はじめに

　アンガーマネジメントは保育の質を高めます。
　保育は、「叱る」ことなしには成り立ちません。上手に「叱る」ことができて初めて「褒める」が活きます。
　子どもの健やかな成長をサポートするために、上手に「叱る」。
　若手保育者の健やかな成長をサポートするために、上手に「叱る」。
　上手に叱って上手に褒めることで、人はより良く成長するのです。
　そして、中堅保育者のあなたが上手に「叱る」のと同じように、上手に「叱られる」ことも重要です。
　アンガーマネジメントができれば、怒りを上手に扱えるようになります。怒りを出すことも受けることも上手になります。誰かの怒りに振り回されることもなくなります。
　中堅保育者は、園内で上からと下から、そして保護者からと子どもから、4方向から頼りにされる立場にあります。つまり、園の中核に位置しているのです。
　アンガーマネジメントを取り入れて周りの人とかかわることで、あなたが中心となり、上下左右により良い人間関係の輪を広げることができるでしょう。
　本書では、保育現場ですぐに使えるアンガーマネジメントについて紹介しています。怒りの正しい知識や事例を通したテクニック、上手な叱り方、褒め方についてもお伝えします。
　最後のページを読み終わる頃には、「早く園でアンガーマネジメントを使いたい」と思うことでしょう。あなたが勤務する園は今後、子どもや保護者からの信頼が厚い人気の園になることは間違いありません。

目　次

はじめに

第1章　感情を理解しよう……1

| Section 1 | 言葉の裏にある子どもの気持ち……2
| Section 2 | 保育者が大切にしたい喜怒哀楽……4
| Section 3 | 感情が発生する仕組み……6
| Section 4 | 子どもの第一次感情を探す……8
| Section 5 | 「怒り」は身を守るための感情……10
| Section 6 | 「怒り」を自己診断してみよう……12
| Section 7 | 伝達手段としての「怒り」……14
| Section 8 | 「怒る」「怒らない」は自分が決めている……16

第2章　怒りをコントロールする基本スキル……19

| Section 1 | アンガーマネジメントとは？……20
| Section 2 | アンガーマネジメントはトレーニング……22
| Section 3 | アンガーマネジメントの目的……24
| Section 4 | 怒りの原因は自分の中にある……26
| Section 5 | 怒りのコントロール①衝動のコントロール……28
| Section 6 | 怒りのコントロール②思考のコントロール……30
| Section 7 | 怒りのコントロール③行動のコントロール……32
| Section 8 | 3つのコントロールの活用……34
| Section 9 | 怒りとうまく付き合う対処術と体質改善……38

第3章 叱り方・怒り方を変える「伝え方」……41

- Section 1 　保育者の忙しさは「怒り」の引き金……42
- Section 2 　保育者には感情のコントロールが不可欠……44
- Section 3 　「怒る」と「叱る」の違い……46
- Section 4 　子どもを怒れない保育者……48
- Section 5 　子どもを怒りすぎる保育者……50
- Section 6 　上手に怒れない理由……52
- Section 7 　保育者がやってはいけない怒り方……54
- Section 8 　「怒る」方法……56
- Section 9 　NOといえる保育者になる……58
- Section 10　「怒る」も「褒める」もゴールは同じ……60
- Section 11　認めるときのポイント……62
- Section 12　褒めるときのポイント……64
- Section 13　伝わるように伝える……66
- Section 14　「褒める」方法……68
- Section 15　怒りの原因を他人や物のせいにしない……70
- Section 16　今に集中することでイライラを減らす……72
- Section 17　未来の不安や過去の後悔にイライラしない……74
- Section 18　解決志向で考える……76
- Section 19　感情表現の幅を広げる……78
- Section 20　受け止め方を変える……80
- Section 21　マイナス評価をしない……82
- Section 22　事実と思い込みを分けて考える……84
- Section 23　自分の未来を自分で決める……86

第4章 事例から学ぶ上手な「伝え方」……89

習慣にしたい日常の約束事……90

5歳児　保育者の話を聞かない子どもに対して
〔ポジティブセルフトーク〕……94

5歳児	友だちの物を隠す子どもに対して〔エクスターナライジング〕	96
5歳児	うそをつく子どもに対して〔タイムアウト〕	98
4歳児	保育者に口答えをする子どもに対して〔呼吸リラクゼーション〕	100
4歳児	噛みつきをする子どもに対して〔6秒ルール〕	102
3歳児	トイレに行かない子どもに対して〔ストップシンキング〕	104
3歳児	しつこい子どもに対して〔グラウンディング〕	106
2歳児	おねしょを黙っていた子どもに対して〔スケールテクニック〕	108
2歳児	友だちにおもちゃを貸さない子どもに対して〔ガーディアンエンジェル〕	110
1歳児	苦手な野菜を食べようとしない子どもに対して〔コーピングマントラ〕	112
1歳児	寝つきが悪い子どもに対して〔サクセスログ〕	114
0歳児	友だちにけがをさせる子どもに対して〔イメージリラクゼーション〕	116
0歳児	日常的にイライラしている自分に対して〔変化ログ〕	118

第5章 他者の「怒り」との向き合い方 …… 121

	理不尽な怒りから自分を守る	122
対保護者	持続性の高い怒りタイプの保育者	126
対保護者	頻度が高い怒りタイプの保育者	128
対部下	強度の高い怒りタイプの保育者	130
対部下	攻撃性(他人)のあるタイプの保育者	132
対上司	攻撃性(物)のあるタイプの保育者	134
対上司	攻撃性(自分)のあるタイプの保育者	136

付　録 …… 139

おわりに

第 1 章

感情を
理解しよう

私たちは皆、喜怒哀楽という感情をもっています。
しかし、その感情の仕組みについて、どれほど理解しているのでしょうか。
アンガーマネジメントを学ぶ前に、
怒りのもととなる感情について考えます。

Section 1

言葉の裏にある子どもの気持ち

子どもの気持ちに共感する方法

　保育園は、子どもにとって生活の場であり、学習の場であり、遊びの場です。
　そして、保育者であるあなたは、子どもたちの充実した毎日のために、さまざまな計画を立てて保育を工夫していることでしょう。運動遊びやリズム遊び、製作遊び、絵本の読み聞かせ、手遊び、散歩、クッキングなど、子どもが楽しめる活動を取り入れて、月の指導案や週の指導案を作成していると思います。
　保育者はこれらの活動を通して、子どもが情緒豊かに成長してほしいと願っています。そして、子どもの気持ちに応え、共感することを大切にしているでしょう。
　それでは、あなたが大切にしている「子どもの気持ちに共感する」こと、その共感の方法について考えたことはありますか？　子どもが「楽しかった」「面白かった」と言ったとき、あなたはどう答えますか。

言葉に表せない気持ちに耳を傾ける

　もちろん、子どもが伝えようとしている「楽しい気持ち」「面白いと感じた気持ち」を繰り返すことも大切ですが、それだけで子どもの感情に寄り添っているのでしょうか。
　「散歩に行って楽しかった」「折り紙をして楽しかった」「絵本を読んでもらっ

て面白かった」「マジックショーを見て面白かった」——この言葉を聞くと、子どもは自分の感情を表現しているように思えますが、本当にこれが自分の気持ちなのでしょうか？「楽しい」「面白い」という気持ちの裏側に、別の気持ちが隠れている気がしませんか。

「散歩に行って、出会った人にあいさつして気持ち良かった」「折り紙は難しかったけれど、全部折れて嬉しかった」「絵本の話の中で、お母さんが病気になったところがかわいそうだった」「マジックショーを見て、ハトが消えたのが不思議だった」

もしかしたら、こんな気持ちが隠れているかもしれません。しかし、その表現方法を知らないと、子どもは「楽しかった」「面白かった」と言うしかありません。

子どもの情緒豊かな心を育てるためには、表面上の言葉だけに目を向けるのではなく、隠れている声に耳を傾けることが大切です。子どもが伝えようとしている「言葉に表せない気持ち」を言葉にするかかわりをしましょう。

「言葉の裏にある子どもの隠れた気持ち」に目を向ける保育者は、子どもの心に寄り添う保育ができるでしょう。

感情を理解しよう　003

Section 2
保育者が大切にしたい喜怒哀楽

感情を表現する幅を広げる

　子どもは、他者とのコミュニケーションの中で言葉を獲得していきます。車を指さして「ブーブー」、食事は「マンマ」、犬は「ワンワン」と表現することで、次第に物と名前が一致し、物の名前を理解します。そして成長とともに、一語文から二語文となり、おしゃべりが上手になっていきます。

　加えて、自分の感情を表す言葉も増えていきます。今までは泣くことで自分の感情を表現していた子どもが、「嫌だ」と言えるようになるのです。

　自分の気持ちとピッタリな気持ちを表す言葉をたくさん知っていると、キレない子どもに成長します。「喜怒哀楽」という言葉がありますが、あなたはこの「喜怒哀楽」の感情を表す言葉をどれくらい知っていますか。感情を表すさまざまな言葉を保育者が保育の中で使うことで、子どもは「今の気持ちって、そんなふうに言ったらいいんだ」と気づきます。その気づきが多ければ多いほど、子どもの感情を表現する幅は広がります。感情を表現する幅が広がれば、感情のコントロールが上手になっていきます。

　反対に、キレやすい子どもは、語彙が乏しいために、自分の気持ちをうまく伝えられず、怒りを爆発させて制御できなくなってしまいます。

　乳幼児期から、保育者が意識して「喜怒哀楽」の表現方法を子どもたちに伝えることは、将来困難な出来事が目の前に立ちはだかっても、自分の感情を上手にコントロールして、それらを乗り越えていく力の基礎になります。

他の感情をうまく使う

　ここで質問です。次の場面を思い浮かべてください。
　「もうすぐ給食の時間です。そろそろ遊びを切り上げたいと思い、子どもたちに片づけるよう促しました。ところが、子どもたちは遊びに夢中で片づけようとしません」。こんなとき、「喜怒哀楽」のどの感情を使って声をかけますか。
　実は、どの感情を使っても「片づけてほしい」という思いを伝えることができます。「喜」の感情を使えば、「みんなが一生懸命片づけてくれたら先生嬉しいな」「きれいに片づいたら気持ちがいいよね」と伝えることができます。
　「怒」の場合は「いつまで遊んでるの！　さっさと片づけなさい」「先生は、お片づけって言ったでしょ！」という感じでしょうか。「哀」は「あ〜、おもちゃが泣いてるよ」「片づけてくれないと、先生とっても悲しいよ」など。「楽」は「先生と片づけ競争しようか？　よ〜いドン」という具合です。
　つい怒りがちな場面でも、他の感情を使って子どもたちに伝える方法があることを知っておくと、行き詰まることが減るかもしれません。

Section 3
感情が発生する仕組み

第一次感情と第二次感情

　感情をコントロールするうえで、一番厄介な感情が「怒り」です。しかし、「怒り」がダメな感情というわけではありません。喜びや悲しみ、楽しみと同じように、私たち誰もがもっている感情のひとつです。
　その意味では、感情そのものに良いも悪いもありません。
　しかし、他の感情に比べて「怒り」のエネルギーはとても強く、扱い方を間違えると厄介です。保育者は、さまざまな人間関係の中で仕事をしているので、信頼関係を壊しかねない「怒り」の取り扱いには、特に注意が必要です。
　あなたが「怒り」とうまく付き合い、感情をコントロールするために、まずは「怒りが湧き起こる仕組み」を理解する必要があります。怒りは第二次感情といわれています。その仕組みを表したのが、右のイラスト「コップと水」の関係です。

第一次感情を減らす

　あなたの心の中に、イラストのようなコップがあるとイメージしてください。そのコップの中には「水」が入っています。この水が「第一次感情」です。
　毎日の保育の中で感じる、「疲れた」「忙しい」「つらい」「苦労」「不安」「心配」……そんなマイナスな感情が心に湧いたとき、コップの水は増えるのです。

そのマイナスな第一次感情の水がコップいっぱいになって溢れ出たときに「怒り」の感情や行動となって表れます。

「怒り」は単体では存在しません。必ず第一次感情が関係していて、それが形を変えて「怒り」となり表れてくるのです。つまり、自分にどんな第一次感情が溜まっているのかに目を向けること、そして、その第一次感情を減らすことが「怒り」をコントロールするための初めの一歩になります。

あなたが毎日イライラして、怒りっぽいと感じるなら、きっと第一次感情の水がコップいっぱいに溜まっているのでしょう。あなたの心には、どんな第一次感情が溜まっていますか。それはどうやったら解消できると思いますか。自分で解消できることなら、解消するための努力をしましょう。一人では無理な場合、誰かに手伝ってもらいましょう。

イライラせず、穏やかな保育をしていくためには、第一次感情を減らす「努力」が必要になります。大切なのは、自分の心に余裕をもたせてあげること。そうすることで、「怒り」を感じることは必ず減ってきます。

自分の第一次感情を見つけることに慣れたら、子どもの第一次感情を見つけてみましょう。

Section 4
子どもの第一次感情を探す

問題とされる行動の見方を変える

　第一次感情の仕組みは、子どもたちにかかわるときに大切にしたい視点です。
　特に、よく怒られていたり落ち着きのない子どもなど、あなたが「かかわりにくい」「苦手」と思っている子どもの第一次感情を探す努力をしましょう。保育者にとって問題とされる子どもの行動は、第一次感情が関係しているといえます。その行動にばかり注目するかかわりを続けると、行動がエスカレートしていきます。これは、保育者に対する信頼や安心が得られないためでしょう。これでは、クラス運営が困難になったり、ひどい場合はクラス崩壊につながる可能性もあります。そうなる前に、「何でこの子はトラブルばかり起こすのだろう」から「この子の行動の裏には、どんな第一次感情が隠れているのだろう」と見方を変えてみましょう。
　子どもは自分の気持ちに気づいていないことが多いので、モヤモヤしながら過ごしています。そして、自分の心を守るために「怒り」を使って自己主張し、自己防衛しているのかもしれません。誰も自分の気持ちを受け止めてくれずに孤独な子どもは、自分で自分を守るしかない状態です。そんな子どもにとって、自分の気持ちをわかってくれたという経験は、あなたへの信頼をグッと上げるはずです。
　あなた自身にとっても、怒りっぽい子どもにとっても「第一次感情」は感情をコントロールしていくうえで大切な感情であることを忘れないでください。

保育者の第一次感情に目を向ける

　子どもの「第一次感情」を上手に減らすサポートができるようになれば、徐々に「怒り」による行動は減っていきます。そして、自分の気持ちを言語化して伝える術を学んでいくうちに、子どもは自分で自分の「第一次感情」に目を向けられるようになってくるでしょう。乳幼児期の保育者のかかわりは、子ども自身が感情を理解する力を高めることを支えているのです。

　しかし、あなたの心のコップの水が満タンだと、子どもの「第一次感情」に目を向けることはできません。ですからまずは、あなたの第一次感情に寄り添いましょう。常にイライラしている人は、もしかしたら心のコップも小さめなのかもしれません。小さなコップにはすぐに水が溜まってしまいます。ゆくゆくは大きなコップを目指したいものですが、そのためにはそれなりのトレーニングが必要です。

　今すぐできるのは、あなたのコップに溜まっているマイナスな第一次感情を流す努力をすることです。

Section
5

「怒り」は身を守るための感情

怒りのもつ5つの性質

　怒りは身を守るための感情といわれます。「火事場の馬鹿力」という言葉がありますが、自分の身が危険にさらされたとき、私たちは「怒りの強いエネルギー」を使って自分を守るための威力を発揮します。これは、動物の闘争・逃走反応と同じです。そう考えると、怒りを排除することはできません。
　ここで、怒りのもつ5つの性質を紹介します。
① **高いところから低いところへ流れる**…言い換えれば「強いものから弱いものへ流れる」イメージです。父親から母親、母親から長男、長男から次男と、怒りをぶつけられた次男は保育園にもってきて、自分より弱い友だちに怒りをぶつけていきます。このように、怒りは連鎖し続けます。怒りをぶつけられた子どもの心を救うために、あなたが怒りの連鎖を断ち切り、保育の中でアンガーマネジメントを実践していきましょう。
② **身近な対象ほど強くなる**…家庭では子どもや家族、職場では同僚や上司、部下など、自分に関係のある人に対して、思いどおりにしたい、という気持ちが強くなる傾向があります。自分に関係のある人、大切な人だから、期待が高いのかもしれません。だから、思いどおりにならない現状に怒りを感じやすくなるのです。どんなに自分に近い相手だとしても、言葉にして伝えることを大切にしていきましょう。
③ **矛先を固定できない**…いわゆる八つ当たりです。他人から受けた「怒り」

のはけ口として、別の誰かに「怒り」をぶつけてしまう状態です。これでは、子どもや保護者に「あの先生とは話したくない」と敬遠されてしまいます。アンガーマネジメントのテクニックを使って、建設的に怒りを解消する方法を見つけていきましょう。

④**伝染しやすい**…近くにイライラした人がいると、周りの空気も悪くなってしまいます。誰かのイライラに感染しないようにしましょう。もちろん、あなたがイライラの根源にならないことも意識しましょう。

⑤**エネルギーになる**…怒りの感情は、うまく付き合うことで自分を高めてくれるモチベーションになります。なくすことのできない感情であれば、プラスのエネルギーとして役立てましょう。

　これらの性質を知っておくことで、あなたは今よりも上手に「怒り」と付き合うことができるようになるでしょう。怒りをバネにして、うまく自分のモチベーションに変えている人はたくさんいます。あなた自身が「怒り」を建設的に使うことができれば、保育園での人間関係は今よりもっと良くなることでしょう。邪魔者扱いせず、味方につけることをお勧めします。

Section 6
「怒り」を自己診断してみよう

自分の怒りに向き合う

　自分を守るためのエネルギーとして使うには問題のない「怒り」ですが、使い方を間違えると、人間関係を壊してしまう可能性があるとお伝えしました。
　これから「怒り」と上手に付き合っていくために、まずは自分の「怒り」に向き合うことが必要です。そこで「自分がどんな怒り方をしているのか」に目を向けてみましょう（表）。

表　人間関係を壊してしまう可能性のある怒りのタイプ

タイプ	特徴
強度が高い	一度怒ると止まらない、強く怒りすぎる
持続性がある	根にもつ、思い出し怒りをする
頻度が高い	常にイライラしている、カチンとくることが多い
攻撃性がある	他人を傷つける、自分を傷つける、物を壊す

　さて、あなたは自分でどのタイプに当てはまると思いますか？　ここで、あなたの「怒り」のタイプを自己診断してみましょう（図）。

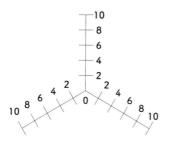
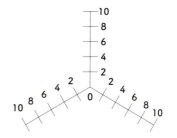

図 「怒り」の自己診断

①それぞれのタイプの特徴が自分にどれくらい当てはまるのか、0〜10でレベル分けをします。
②それぞれの項目についてレベルを決め、点数と点数を結んで三角形を作りましょう。
③攻撃性は、他人に怒りをぶつけることが多いのか、自分を責めることが多いのか、物に当たることが多いのかを基準に点数をつけます。

　「イラッとすること」は多いので頻度は6。気分が変わりやすいので持続性は低いかな、と思うので2。強度は、一度怒ると強めに怒ることが多いので8という感じです。

これは自己診断なので、自分の基準でつけてかまいません。この三角形が、今のあなたの怒りのタイプを表していることを受け入れてください。今後、怒りをコントロールできるようになるために、自分の理想的な三角形も書き込んでおきましょう。0である必要はありません。でも、今より少しでも小さな三角形を目指すために、この本を読み進めてください。

おまけ…他者診断もお勧めです。同僚、パートナー、子どもなど、自分以外の誰かにあなたの怒りのタイプを診断してもらうことで、他人から見た自分の怒りを視覚化することができます。「自分の強度は高くない」と思っていても、他者から見ると…という場合もあるので、今の自分の状態として受け入れましょう。

感情を理解しよう　013

Section 7
伝達手段としての「怒り」

伝え方を変えてみよう

　子どもが危険な行動をしたとき、あなたは子どもを「叱る」でしょう。それは、子どもに「危ないからやめて」と伝えたいからです。私たちは、子どもに何かを伝えたいときに「叱る」のです。つまり、あなたが子どもを叱る目的は「相手に対して、どうしてほしいのか」を「伝える」ことです。その伝え方としては、相手にリクエストするイメージだと思ってください。

　そして、「怒る」目的も「伝える」ことです。「叱る」も「怒る」も、「相手にどうしてほしいのか」という目的が伝わらなければ意味がありません。「怒る」と疲れます。無駄にエネルギーを消費して疲れを上乗せするような生活を送っていると日々の保育にも支障が出てしまいます。

　もし、「何回言ったらわかるの？」「どうして同じことばっかりするの？」と言うことが多いならば、要注意です。なぜなら、あなたが一生懸命叱っていることが、子どもに伝わっていないため問題となる行動を繰り返してしまうからです。「子どもの行動が改善されない」ときは、自分の叱り方、つまりリクエストの方法を変えていくことが必要です。

　「○○してほしい」というリクエストを「どんなふうに言えば伝わるのか」「この子にとって、このリクエストは難しすぎるのか」「どこまで（何）だったらできるのか」など、今までと違う角度から「叱る」ことを意識してみましょう。

「怒る」＝「叱る」＝「伝える」

　今後は、「伝える」ことを意識しながら、怒ったり叱ったりしてください。あなたがモデルとなって上手に「怒り」を表現することは、子どもの「怒り」の伝え方の学びにつながっていきます。

　日本では、「怒り」について、教育ではなくしつけとして教えられてきました。「怒っちゃダメ」「怒ってもいいことがない」と教えられてきたのです。でも、自然に湧き起こってくる「怒り」の感情をどう扱ったらいいのか教えてもらっていませんでした。怒らずに、どうしたらよいのかについては誰も教えてくれなかったのです。「怒り」について学ぶ機会がなかったため、保育者も保護者も自分の怒りに振り回されてしまうのでしょう。そして、本当に怒りたいときに上手に怒れず、怒りを爆発させてしまったり、我慢しすぎてつらくなってしまうことが起こってくるのです。

　でも、怒ることは悪いことではありません。アンガーマネジメントを活用し、あなた自身が怒りの感情を否定せず、受け入れて上手に付き合ってください。そして、今後は保育の中で子どもたちに、「怒り」の感情の扱い方を教育として教えていきましょう。

Section 8

「怒る」「怒らない」は自分が決めている

行動に移るまでの4つのステップ

　子どもがけんかをしているとき、あなたはどうしますか？
Ａ：とりあえず叱る
Ｂ：まずは様子を見守る
　ここでは、どの行動が正しいかではなく、どうしてその行動を選んだのかを考えてみたいと思います。
　私たちが、目の前で起こっている出来事を見てから次の行動に移るまでには、4つのステップがあります。
　①出来事を見る
　②出来事を意味づける
　③感情が生まれる
　④行動する
　図のＡとＢのステップを比べてみましょう。ポイントは、「②出来事を意味づける」です。Ａの場合は「またけんかをしている」とマイナスの意味づけをしているので、「③感情が生まれる」でイライラしてしまったのでしょう。Ｂの場合は「友だちとのけんかも必要」とプラスの意味づけをしています。そのため、「③感情が生まれる」では、心配だけどけんかの経験も必要だと感じたのです。
　このように、同じ場面を見ても、意味づけの仕方が異なれば、生まれる感情

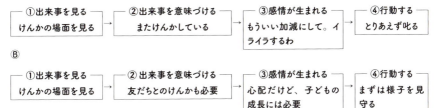

図　行動に移るまでの2パターン

も行動も変わります。つまり、出来事に対する意味づけの違いで、私たちは「怒る」か「怒らない」かを決めているのです。

　意味づけの仕方は人それぞれです。怒りっぽい人は、日々の出来事をマイナスに意味づける傾向があるため、腹が立つことが多いのかもしれません。この出来事で、Aの場合はとりあえず叱っているようですが、本当に叱らなければならないことかどうかの判断をしないままに叱ってしまうと、「叱る目的」が明確になりません。目的が明確にならないと、リクエストができないので、子どもは何に叱られたのかわかりません。そうなると、子どもの行動は改善されず、同じことを繰り返してしまいます。

　一方、Bの場合は「まずは様子を見守る」という行動をとっています。様子を見守ることで、正確に状況を把握することができます。そして、「叱る」としても、なぜ叱られたのかという理由と、どうしてほしいのかという保育者のリクエストをわかりやすく伝えることができるはずです。

　このように、自分の捉え方ひとつで、腹が立つ出来事は減り、行動も変わってきます。保育者としては、マイナスの意味づけではなく、プラスの意味づけができると、子どもたちに怒りを感じる回数が減るのではないでしょうか。

　保育者が感情をコントロールするスキルをもって接することは、子どもの感情表現や人間関係の幅を広げ、心豊かな成長を支えることにつながります。そのスキルは、あなた自身の保育の質を上げることにもつながります。

　保育者は子どもにとって身近な人的環境です。より良い人的環境であり続けるために、次章から、怒りの感情をコントロールするためのアンガーマネジメントの基本スキルを紹介します。

第 2 章

怒りをコントロールする基本スキル

本章では、怒りをコントロールする方法について、
アンガーマネジメントの視点から
基本的なスキルをお伝えします。

Section 1
アンガーマネジメントとは？

怒りと上手に付き合うトレーニング

　アンガーマネジメントは、1970年代にアメリカで始まった、怒り（アンガー）と上手に付き合う（マネジメント）心理トレーニングで、幼児教育においても、今後積極的に取り入れたい、感情をコントロールする方法です。

　プログラム開発当初は、虐待やDV（ドメスティック・バイオレンス）、軽犯罪者に対する社会復帰のための更生プログラムとして、カリフォルニア州を中心に活用されていました。現在では、教育、企業、政治、スポーツ界など、さまざまな分野に取り入れられています。

　アンガーマネジメントは、怒りと上手に付き合うためのトレーニングなので、怒らないことを目指しているわけではありません。目指すのは、怒りで後悔しない自分を手に入れることです。

　第1章で伝えたとおり、「怒り」のエネルギーはとても強いので、扱い方を間違えると、失敗したり後悔することが多くなってしまいます。後悔する怒り方をしてしまう人は、怒りと上手に付き合っているとはいえません。

相手の感情を考えなかったゆえの失敗

　あなたは子どもについ怒ってしまった、保護者の態度にカチンときた、同僚の保育の仕方が気に入らないなどと思ったことはありませんか。

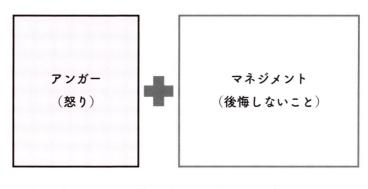

怒ると決めたことは上手に怒り、怒らないと決めたことは怒らないことで、後悔しない怒り方ができるようになる

図　アンガーマネジメントの仕組み

　実は私にも、怒りで人間関係を壊してしまった経験があります。20代の新人保育者の時代です。3歳児クラスから4歳児クラスへの進級時期。3歳児クラスの担任だった私は、発達障害の疑いのある子どもの保護者に、発達障害児の受け入れがある拠点園をお勧めしたことがありました。子どものことを思えば、転園したほうがその子らしく成長できるのではないかという思いがあったからです。当時は、発達障害に対する認識も低く、心の抵抗が大きかったためか、その保護者からかなりのお叱りを受けました。

　私は、「あなたの子どものことを思ってアドバイスをしたのに、なんで私が責められなきゃいけないの」という感情でいっぱいになっていました。今思えば、保護者の気持ちなんて考えていなかったんです。

　その後、私とその保護者とはうまくいかないまま、その子どもは転園していきました。自分の怒りをうまくコントロールできないまま保護者の対応をしたため、3月末までモヤモヤ、イライラしながら過ごさなければならなかったことを今でも後悔しています。

　アンガーマネジメントは、自分の怒りに責任をもつことです。自分の怒りに責任をもてば、怒ったことも怒らなかったことも、後悔がないということ。上手に怒れば「ああ、怒りすぎたな」「ちゃんと怒ればよかった」と思う必要はないですよね。

Section 2
アンガーマネジメントはトレーニング

できることから始めよう

　子どもたちは正直ですから、怖い先生には寄りつきません。その怖い先生が担任だとしたら、その子の保育園での生活は苦痛の連続でしょう。そして、保護者も正直です。毎春の担任発表では「え〜。うちの子、○○先生だった。最悪だわ」なんて言われているのを聞いてしまうと、悲しくなります。でも残念ながら、自分自身がまいた種。怒りの種をまき散らし続けた結果です。これからそんな怒りっぽい嫌われ保育者の汚名を返上しましょう。

　心配しなくて大丈夫。あなたができることから始めればいいのです。スタートは小さな一歩だったとしても、長い目で見れば大きな変化につながります。

　あなたにとって、理想の保育者とはどんな保育者ですか。子どもに好かれる保育者、笑顔いっぱいの保育者、保護者から信頼が厚い保育者、同僚と協力し合える保育者。その気になれば、汚名返上のトレーニングはいつからでも始められます。この本を手にとったときから、アンガーマネジメントのトレーニングは始まっています。

「知っている」と「できる」を混同しない

　この本を読むことで、アンガーマネジメントの理論やテクニックを学ぶことができます。アンガーマネジメントに出会ったことで、あなたは自分自身を変

える方法があることを知りました。注意してほしいのは、「知っている」と「できる」は別だということです。「フィギュアスケートを知っている」としても、すべての人が「フィギュアスケートができる」わけではありません。フィギュアスケートが上達するためには、日々繰り返し練習していくことが大切です。毎日トレーニングを続けることで、そのスキルが身についていきます。

　アンガーマネジメントも同じで、あなたが毎日の保育の中で怒りをコントロールするために、アンガーマネジメントを実践することが必要です。初めの一歩として、今から3週間、アンガーマネジメントを意識してください。アンガーマネジメントに限らず、私たちが何かを習慣化するためには3週間ほどかかるといわれます。これから紹介するアンガーマネジメントを、自分のできる範囲で一つでも二つでも取り組んでいくと、3週間後には日々のアンガーマネジメントが習慣になっているはずです。

　保育者がアンガーマネジメントを実践し、日々の保育に役立てることは、あなたに対する子どもたちの「怖い先生」というイメージを払拭してくれることでしょう。

Section 3
アンガーマネジメントの目的

「怒る」「怒らない」への仕分け作業

　アンガーマネジメントを実践する中で、常に考えていかなければならないのが「仕分ける」という作業です。怒りと上手に付き合い、後悔しない怒り方をするためには「怒る」「怒らない」を線引きし、明確にする必要があります。

　アンガーマネジメントは「怒らない保育者になる」ことがゴールではありません。目の前の出来事を「怒る」「怒らない」に仕分けて考えることで、冷静に自分の怒りと向き合い、扱えるようになります。そして、「怒る」と決めたものには上手に怒り、「怒らない」と決めたものは怒る必要がないことと受け止められるようになることが、アンガーマネジメントの目指すところです。

　では、「仕分ける」とはどういうことか、少し練習してみましょう。

　保育中「子どもが牛乳をこぼす」場面を例に考えます。あなたは、子どもが牛乳をこぼしたとき、「怒る」「怒らない」のどちらを選びますか。自分の基準なので、どちらを選んでもいいです。「怒る」を選んだ場合、上手に怒ることができればOKです。「怒らない」を選んだ場合、怒る必要がないこととして捉えているので、「怒らない」ことがあなたの行動です。

　ところが実際は、仕分けの線引きが曖昧な人が多いです。例えば、「もうすぐ避難訓練のベルが鳴る。今日は園外へ避難する日なのに」と、ベルが鳴る直前に、牛乳をこぼされてしまったらどうでしょう。また、「年末ジャンボ宝くじ、1000万円が当たった！」ときはどうですか。そのときの状況や自分の機嫌によっ

て、怒ったり怒らなかったりしている人が多いのではないでしょうか。

仕分けることによる意味

　こんなふうに、保育者の状況や機嫌で、子どもの行動に対して「怒る」「怒らない」の境界線を行き来してしまうと、「この前は怒られなかったのに、どうして今日は怒られるのか」「先生の機嫌が悪いから怒られるんだ」と受け止め、怒る基準が「保育者の機嫌」になってしまいます。

　「仕分ける」作業が上手になり、「怒る」「怒らない」の境界線が決まれば、保育にメリハリができます。あなたが怒る必要のないことに怒らなくなるので、子どもはいつ怒られるのかわからない不安がなくなります。

　さらに、何をしたら怒られるのかがわかるようになります。怒りの感情のコントロールがうまくなれば、子どもはあなたへの信頼度を高めます。のびのびと園生活を送っている様子を見て、保護者は安心して子どもを預けます。そして、保護者からの信頼度も高くなります。子どもが叱られたとしても、信頼している保育者からの指導であれば、納得してくれるでしょう。

Section 4
怒りの原因は自分の中にある

「べき」という価値観

　私たちは怒るとき、自分以外の物や人を原因にしがちです。「あの子が廊下を走らなければ、けがをしなかったのに」「私の言うことを聞かずにけがをしたのに、どうして保護者に謝らなきゃいけないの」「○○先生が体調不良で休むから、担任でもない私が謝ることになったのよ」という感じです。

　これって、いったい何に怒っているんでしょう。廊下を走ったあの子？　担任でもないのに謝らなければならないこと？　体調不良の○○先生？……自分以外の物や誰かのせいにすることで、自分が怒っていることを正当化したい気持ちはわかりますが、アンガーマネジメントとして考えるならNGです。

　怒りはあなた自身が生み出すもので、自分の中に原因があります。その怒りの正体は「べき」という、あなたにとって大切な「価値観」のような言葉です。「廊下は走るべきではない」「謝るよりも、けがをした経過や事実を伝えるべきだ」「保育のプロとして、体調管理を怠るべきではない」と思っているのに、目の前の現実はそのすべてが裏切られている状態です。つまり、この理想と現実とのギャップに、私たちは怒りを感じてしまうのです。

「保育観」の押し売りはNG

　保育者の価値観を「保育観」と呼んだりしますね。私の「保育観」は、子ど

自分の保育観・保育における「べき」

図　「べき」を書き出してみよう

もの最善の利益を追求すること。でも最近は、「保育観」の押し売りはしないように心がけています。保育だけにのめり込んでいた20代の頃は叩き売り状態でした。

　子どもの爪を切っていない、衣類に名前を書いていない、散歩に行くのに水筒を持ってこない、9時までに登園できない保護者に対して、とてつもなくイライラしていました。爪なんかすぐに切れるのに、なんでその時間がつくれないのか、どうして衣類に名前を書くくらいできないのか、決まった時間までに登園するのは当たり前なのにと、不満いっぱいでした。

　今思えば、とんでもない話です。働くママは忙しい。爪を切れないこともある、名前だって書かなきゃいけないことはわかっているけど、時間がとれないときもある。私も母親業真っ最中ですから、今はよくわかります。その頃は、保護者の立場に立って考えることができませんでした。

　「べき」は人それぞれ。保育者であるあなたと保護者の「べき」はイコールではなく、同じ職場の保育者同士でも100％イコールではありません。あなたにとって当たり前のことでも、相手はそうでもないことだってあるのです。

　保育現場でイライラすることが多いのなら、「べき」をたくさんもっているのかもしれません。そこであなたの保育観・保育における「べき」を書き出してみましょう（図）。

Section 5
怒りのコントロール①
衝動のコントロール

衝動的な言動の悪影響

　アンガーマネジメントを保育に取り入れるためにまず知ってほしいのが、「怒りは自分でコントロールするしかない」ということです。そこで、怒りをコントロールするポイントとなる3つのトレーニングについてお話しします。

　1つ目は、衝動のコントロールです。腹の立つ出来事が目の前で起こり、怒りを感じたときに、衝動をコントロールします。これは、腹の立つ出来事に衝動的に反射しないということです。例えば、若手保育者が、提出期限を過ぎているのに行事記録簿を出さず「まだできていません」と言った瞬間、「いい加減にしてくれる！　計画を出さないと準備ができないでしょ！」と言わないことです。言いたい気持ちはわかります。その場では「言ってやった！」とすっきりした気持ちになるかもしれませんが、今後のことを考えるとどうでしょう。

　仮に、若手保育者が言い訳や口答えをしてきたら、あなたの怒りはさらにヒートアップするでしょう。これでは、お互いの関係が壊れてしまいます。同じ園の仲間として、ぎくしゃくした関係は子どもにも影響します。怒りの性質でお伝えしましたが（10頁）、怒りは伝染します。あなたと若手保育者の不仲を、子どもは敏感に感じるでしょう。そうすると、保育者も子どももイライラした毎日を送らなければなりません。

　今後は、どんなに腹が立っていても、売り言葉に買い言葉のような衝動的な言動をとらないことを心がけましょう。

図　怒りの感情のピーク

怒りがピークに達するのは6秒間

　怒りを感じる出来事が目の前で起こってから感情がピークに達するまでの時間は、長くて6秒間程度といわれています。6秒我慢すれば、落ち着くことができるのです。何とか6秒間やり過ごすことができれば、怒りがヒートアップすることはありません。衝動をコントロールできずに、ヒートアップしてしまうと、この後どう行動すればよいのかを冷静に判断できなくなります。

　「6秒なんかで怒りはおさまらない！」と反論したくなるかもしれません。そんなあなたは、もしかしたら「持続性がある」怒りのタイプかもしれません。「あのとき、あの子が○○したから、けがをした」「あの先生が○○と言ったから、こんなことになったんだ」と、終わった出来事にいつまでも怒ってしまうことはありませんか。

　これでは「怒り」を手放すことができません。あなたの怒りの感情がピークに達するまでは、長くて6秒です。6秒待って、落ち着くことができれば、衝動のコントロールは成功です。

Section 6
怒りのコントロール②
思考のコントロール

「怒る」「怒らない」の境界線を決める

　2つ目は、思考のコントロールです。6秒間何とかやり過ごして落ち着くことができたら、次に「怒る」のか「怒らない」のか考えます。ここでは、あなたの「べき」が仕分けのカギになります。先ほどの例で考えてみると、「行事記録簿は、提出期限までに仕上げるべき」「できていないのなら、その理由を説明するべき」「同僚に迷惑をかけるべきではない」と思っているなら、それができていない若手保育者の態度は許せず、怒ってしまいます。

　でも、「他にも仕事があるから、遅れることもあるよね」「アイデアが出なくて困っているのかもしれない」「手伝ってほしくても、お願いできないのかもしれない」と思えば、同じ出来事でも怒らずにすみます。つまり「怒る」「怒らない」は、あなたが「許せない」か「許せる」かで変わってくるのです。

　アンガーマネジメントが目指すのは、「後悔しない怒り方ができるようになる」ことです。それは、機嫌によって怒ったり怒らなかったりしないことです。そのために、「怒る」「怒らない」の境界線を決めなければなりません。

　ここで、あなたに境界線を引いてもらいましょう。先ほど書き出した「べき」を仕分けて、整理していきます。

　ここに、箱が2つあります。左の箱は、あなたにとって大切な「べき」。どんなことがあってもこれは譲れないと思う「べき」を入れる箱（アングリーボックス）です。この箱に入れた「べき」を裏切られたときに、あなたは怒ればい

いのです。あなたにとってそれは許せない、許容できないことだからです。

　右の箱は、「そういうときもある」「そういう人もいる」など、「ま、いっか」と思える「べき」を入れる箱（スマイリーボックス）です。この箱に入れた「べき」が裏切られたとしても、怒らない努力をしてください。なぜなら、あなたが決めた「ま、いっか」と思えるもの、許容範囲内の出来事だからです。

　この2つの箱に仕分けることで、「怒る」「怒らない」を線引きできます。思考のコントロールでは、この線引きに意識を向けてください。

実践したい3つの努力

　そして、アンガーマネジメントを保育に取り入れていく中で実践したい3つの努力があります。

　①スマイリーボックスに入れる「べき」を増やす
　②アングリーボックスに入れた「べき」の情報を相手に伝える
　③同じ出来事について2つの箱を行ったり来たりさせない

Section 7

怒りのコントロール③ 行動のコントロール

行動の仕分け

　3つ目は、行動のコントロールです。ここで、今までのコントロールを思い出してみましょう。まず衝動をコントロールし、冷静になったら思考のコントロールで「怒る」「怒らない」を2つの箱に仕分けます。最後は、アングリーボックスに入れた「怒る」と決めた出来事に対して、どう行動するのかを考える「行動のコントロール」です。

　実は、アンガーマネジメントとして行動するために、ここでも仕分けをしなければなりません。あなたが「怒る」と決めた出来事についての仕分けです。「変えられる・コントロール可能」には、あなたが何か行動してみることで現状を変えることができたり、コントロールが可能な出来事を入れていきます。「変えられない・コントロール不可能」には、あなたが何をしても現状を変えることができない、どうしようもできない出来事を入れていきます。

　行動のコントロールは、あなたが「怒る」と決めたときに使ってほしいコントロール方法です。思考のコントロールであなたが「怒らない」を選んでいること、つまりスマイリーボックスに入れたことに、あなたは怒る必要がありません。「怒らない」を選んだ出来事に対しては、これからずっと怒らないのですから、行動は決まっています。

　一方「怒る」に仕分けた出来事については、「怒る」「怒らない」という2つの選択肢があります。

図　変えられる・変えられない出来事の仕分け

伝わりやすく怒るポイント

　あなたが「怒る」のは、「変えられる・コントロール可能」に入れた出来事に対してです。「怒る」とは「伝える」ことです。伝わらなければ怒っている意味はありませんので、伝わるように怒る努力をしましょう。伝わりやすく怒るためには、次の3つのポイントを意識してください。
　①いつ怒るのか
　②どの程度なら許せるのか
　③どうやって伝えるのか
　次に、「変えられない・コントロール不可能」に入れた出来事に対しては、「怒らないこと」です。怒りたくても、「怒らない」です。変えられないと思っているのに怒ってしまうと、怒りがヒートアップしたり、いつまでもその怒りにとらわれ続けます。
　どうしても許せないのであれば、一度「変えられる・コントロール可能」に入れて、3つのポイントを意識してアプローチしてみるのもいいでしょう。ただし、これ以上は無理と思ったときには「変えられない・コントロール不可能」に切り替えることも、自分の心と身体を守る方法です。

Section 8
3つのコントロールの活用

事例を通して考えよう

　ここまで、アンガーマネジメントの3つのコントロールについてお話ししてきました。では実際に、どのように衝動のコントロール、思考のコントロール、行動のコントロールをすればいいのか、事例を通して考えましょう。

若手保育者の指導

> 　保育者3年目の容子先生。4歳児クラス17人の一人担任。今までは先輩保育者に付いてクラスを担当していたので、初の一人担任。
> 　秋になり、クラスはそれなりにまとまってはいるものの、運動会で何をするのかが決まらない。職員会議で話し合うときも、「どうしたらいいでしょうか」と自信がなさそうにしている。準備が進まないと、園全体にも影響が出てしまう。何とか容子先生にやる気になってもらいたい。

①衝動のコントロール

　職員会議での「どうしたらいいでしょうか」という言葉に「会議のときまでには決めておこうよ」と思っても、反射してはいけません。アンガーマネジメントのテクニックを使って、6秒間やり過ごしましょう。

　「今日は、呼吸リラクゼーションで対応。気持ちをリセットするために、鼻からゆっくり息を吸って、口からゆっくり吐いてみる。3回ほど深呼吸すると落ち着くことができた」

②思考のコントロール

　中堅保育者は「会議までには内容を決めておくべき」「準備は段取りよく進めるべき」という「べき」をもっているのに、容子先生にその「べき」を乱されてしまったことで腹を立てました。

　思考のコントロールでは、自分の怒りにつながっている「べき」を、アングリーボックスかスマイリーボックスに仕分けて考えていきます。

アングリーボックス（許せないこと・譲れないこと）	スマイリーボックス（許せること・譲れること）
会議までには内容を決めておくべき	準備は段取りよく進めるべき

　「担任クラスの責任者として、期日を守ってある程度の内容は決めておいてほしいということは譲れないので、アングリーボックス。準備に関しては、内容が決まっていれば協力できると思うので、怒ることではないと位置づけ、スマイリーボックスに仕分けた」

　このように、腹が立ったときでもその怒りの引き金になる「べき」を探して仕分けることで、出来事を整理して考えることにつながり、思考のコントロールが上達していきます。

③行動のコントロール

　ここでは、思考のコントロールでアングリーボックスに入れたものについて考えていきます。行動のコントロールは、「どうやって怒るか」という行動を決めていく作業なので、スマイリーボックスに仕分けたものはここでは取り扱いません。

　行動のコントロールでは、自分で何か行動することによって、その問題を解決できる、または変えられる（コントロール可能）と思うことにだけ「怒る」という選択をします。

　もし、どんなに自分ががんばっても解決することができないと感じたり、変えられない（コントロール不可能）と思うのであれば「怒らない」を選択します。変えられないと決めて仕分けたのに、イライラしてはいけません。あなたができることは、自分がイライラしないための対処方法を考えることです。

　アングリーボックスに入れたものは、具体的にどう行動するのかを決めていきます。「いつ怒るのか」「どの程度なら許せるのか」「どうやって伝えるのか」を具体的に考えます。ポイントは「どの程度なら許せるのか」です。今できていないのに大きな課題を与えても、クリアできません。スモールス

変えられる（コントロール可能）	変えられない（コントロール不可能）
会議までには内容を決めておくべき ①いつ怒るのか 　　会議の場はNG。休憩時間2人になったとき ②どの程度なら許せるのか 　　考えられないなら、相談に来てほしい ③どうやって伝えるのか 　　「容子先生は初めての一人担任だから、迷うこともたくさんあるよね。何か困っているなら、相談にのるよ。私も若い頃は、先輩のアドバイスで助かることもあったから、よかったら力になるからね。1人で抱え込んでいると心配になるから、遠慮せず言ってくれたらいいよ」	

図　行動のコントロールの仕分け

テップでの成功体験を積み重ねられるよう、どの程度までOKにするのかは柔軟に対応し、OKとNGの境界線を具体的に伝えることも必要です。
　どんな出来事が起こっても、衝動のコントロール、思考のコントロール、行動のコントロールの3つのコントロール方法を当てはめて怒ることで、相手に伝わる怒り方ができます。
　アンガーマネジメントは、トレーニングを続けていくことです。最初から、一度に3つのコントロールができなくてもかまいません。まずは、衝動のコントロールから始めてみましょう。
　目の前の出来事に対して衝動的に仕返しをしなければ、一呼吸おくことができます。一呼吸おいた後で発する言葉は、怒り狂ったような暴言にはならないはずです。6秒待つという衝動のコントロールができるようになれば、思考のコントロールと行動のコントロールに進みやすくなります。うまくいくときもあれば、失敗してしまうこともあるかもしれません。
　でも、失敗したからといって今までの努力が無駄になるわけではありません。「失敗した」と気づけたことが、すでにアンガーマネジメントが習慣になり始めているという証拠です。アンガーマネジメントを知らない人は、最悪な怒り方をしていたとしても気づくことはないでしょう。成功や失敗を繰り返しながら、この3つのコントロールを意識して生活することで、徐々に自分の怒りとうまく付き合っていけるようになるでしょう。
　そうすれば、「怒る」ことが減ってきます。怒るのは、「行動のコントロールで「変えられる（コントロール可能）」に仕分けたものだけでいい」ということを冷静に判断できるようになるからです。怒る必要のないことに怒ることが減ってくれば、周囲とのいざこざが減り、穏やかに過ごせるようになります。そうなれば、あなたは心地よい人間関係の中で保育ができるようになるでしょう。

Section
9

怒りとうまく付き合う対処術と体質改善

その場で取り組める対処術

　アンガーマネジメントには、対処術と体質改善のテクニックがあります。

　対処術とは、腹が立ったときその場ですぐ簡単に取り組めるものです。自分の怒りをヒートアップさせないために使ってほしいテクニックです。

　アンガーマネジメントが目指すのは、心のコップを大きくして怒りにくい頭をつくることですが、簡単にコップが大きくなるわけではありません。大きなコップを目指して、日々テクニックを使いながらイライラを減らす努力が必要です。

　対処術には、意識的に行うものと行動的に行うものがあり、自分に合った対処術を使うことをお勧めします。対処術に関しては、その場のイライラを楽にすることができ、すぐに効果が現れやすいという即効性がありますが、長続きしません。

体質改善のトレーニング

　アンガーマネジメントを身につけるという長期的な取り組みには、体質改善のトレーニングも必要です。体質改善のトレーニングにも、対処術と同じく意識的なものと行動的なものがあります。体質改善のトレーニングを続けることは、大きなコップを手に入れることにつながります。心のコップが大きくなれ

ば、怒りにくい頭づくりができて怒りにくい体質を手に入れたことになります。対処術のような即効性はありませんが、日々の生活の中で「あれ。そんなに怒らなくてもいいことが増えてきたな」と実感できるでしょう。

　ほかにも、アンガーマネジメントの中心的役割を担うツールがあります。本書で紹介している対処術と体質改善のテクニックを表にまとめましたので、参考にしてください。

表　アンガーマネジメントの中心的役割のツール

ツール	目的
アンガーログ	記録することで、自分の怒りの傾向やパターンが見える
ハッピーログ	楽しかったこと、嬉しかったことを記録する

表　対処術

テクニック	目的
スケールテクニック	意識：怒りに温度をつけることで、怒りの強度を段階的に理解できる
イメージリラクゼーション	意識：リラックスできる場面をイメージして、気持ちをリセットさせる
エクスターナライジング	意識：怒りを視覚化することで実感しやすくなり、手放しやすくなる
サクセスログ	意識：できたことやうまくいったことを記録することで自信をもつ
変化ログ	意識：変えたいことを明確にすることで、行動に移しやすくなる
ポジティブセルフトーク	行動：プラス思考のメッセージを言い聞かせることで、自分を元気づける
呼吸リラクゼーション	行動：一呼吸おくことで、いったん落ち着くことができる
ストップシンキング	行動：思考を停止することで、怒りに対する反射を防ぐ
コーピングマントラ	行動：特定のフレーズを唱えることで、気分を落ち着かせて客観的になれる

テクニック	目的
タイムアウト	行動：怒りがエスカレートする前にその場を離れることで、冷静になれる
6秒ルール	行動：腹が立つことを指で書くことで、衝動的な行動を遅らせる
グラウンディング	行動：目の前の物に意識を集中することで、イライラから解放される
ガーディアンエンジェル	行動：自分を守ってくれる天使を感じることで安心でき、勇気づけられる

表 体質改善

テクニック	目的
3コラムテクニック	意識：見方を変えることで、コアビリーフ（べき）のゆがみを発見できる
ストレスログ	意識：自分のストレスを書き出すことで、客観的に考えられるようになる
べきログ	意識：自分の「べき」を書き出すことで、客観的に対処できるようになる
プレイロール	行動：理想のキャラクターを演じることで、理想の性格に近づける
ブレイクパターン	行動：自分がはまっている習慣を壊し、悪循環を断ち切ることができる
カップルダイアローグ	行動：2人の関係や会話が平行線をたどるとき、解決策を見つけ出せる

第3章

叱り方・怒り方を変える「伝え方」

怒ることと叱ることは「伝える」こととお伝えしました。本章では、怒りに任せた伝え方を変えることで、相手を伸ばす方法を考えます。

Section 1

保育者の忙しさは「怒り」の引き金

保育現場の実態

　これまで、アンガーマネジメントの基本的な内容についてお話ししてきました。でも、「今までの自分はダメだ」と卑下したり、「アンガーマネジメントをしなければならない」と自分に負担をかけすぎないでください。
　保育者の仕事は重労働で長時間勤務です。早朝から延長保育まで、子どもたちと一緒に過ごす時間が長いです。さらに、保護者の迎えの時間が年々遅くなり、居残りの子どもが増えているため、当番保育者が数多く必要になっています。その結果、時間内に事務仕事をこなすことが難しかったり、保育準備が間に合わなかったりすることで、仕事を自宅に持ち帰り、時間外労働をしている保育者もいるのが現状です。
　実は、このような「忙しさ」がイライラや怒りの引き金になってしまうこともあるのです。常にやらなければならないことが山積みで、スッキリ解消することはほとんどない毎日。「保育園のため、子どものため」とがんばりすぎると、それが引き金となってイライラが増幅し、感情のコントロールができなくなることがあるのです。つまり、心のコップの水＝第一次感情がたっぷり溜まり、感情のコントロールができない状態です。
　せっかくアンガーマネジメントを学び、実践しようと意気込んでも、イライラが募っているとうまくいきません。忙しい毎日でも、自分を休める時間をつくりましょう。そのためには、第一次感情を減らす努力が必要です。そうしな

いと、イライラや怒りを断ち切ることができず、余計につらくなります。

保育者の心のゆとりが園の雰囲気をつくる

　以前、ある保育雑誌の担当者が次のようなことを話してくれました。
「この保育園は、職員の雰囲気がいいですね。事務室にも入りやすいです。なかなか入りにくい園もありますからね」
　外部の人が園の雰囲気の良し悪しを感じるくらいですから、毎日登園してくる子どもや保護者は、もっと敏感に感じとっていることでしょう。
　アンガーマネジメントを園全体で取り組んでいくためには、忙しさを緩和する工夫が必要です。忙しさが緩和されると、保育者に心のゆとりが生まれます。保育者がイライラせずに保育をすることで、園全体の雰囲気が良くなります。雰囲気の良い保育環境は、保育の質を高めていくでしょう。それが、保育の質の底上げにつながっていくと信じています。
　現場の中枢を担う保育者が、園全体の雰囲気を改革しませんか。そして、園全体でアンガーマネジメントに取り組める環境づくりをしていきましょう。◆

Section 2
保育者には感情のコントロールが不可欠

感情がコントロールできないことで生じる弊害

　保育者は、さまざまな人間関係の中で仕事をしています。子どもや保護者、同僚、地域住民など、人とのかかわりを避けては通れない職業です。そして、彼らと信頼関係を築きながら毎日仕事をしています。

　保護者は大切なわが子を保育園に預けるわけですから、保育者の人間性を重視するでしょう。担任保育者が感情をコントロールできずに、子どもに当たってしまうと、心配でなりません。保護者は、保育者の行為を見ています。少しでも「あれ？」と思うことがあると、不信感を募らせていきます。

　1人の保護者が感じた不信感は、保護者同士で話題となり、保護者の間で広がっていきます。そして、子どもを預けることに不安を感じるようになっていくでしょう。体罰や虐待の疑いをもたれる可能性も出てくるかもしれません。子どもも、怒りっぽい保育者が担任になった場合、1年間ビクビクして過ごし、心が休まるときがないかもしれません。そんな子どもの様子を見て、保護者はまた不安になるのです。それがクレームに発展する場合もあるでしょう。

　職員間においても、中堅保育者がキレやすい性格だと、若手保育者は大変です。同じクラスの担任であれば、なおさらです。若手保育者が、中堅保育者の顔色をうかがいながら自信なさそうに保育をしていると、子どもたちもその雰囲気を感じとり、若手保育者の言うことを聞かなくなってしまうでしょう。または、怖い中堅保育者から逃れるために、子どもが若手保育者に頼りきりにな

ると、余計にクラス運営がうまくいかなくなるかもしれません。

　さらに、園長などの先輩保育者にも、問題保育者扱いされ、煙たがられるかもしれません。一度、人間関係の不具合が起こると、修復に時間がかかります。感情のコントロールができないまま修復しようとするのは不可能です。

アンガーマネジメントで「怒り」をコントロールする

　そんな最悪の状況に陥らないために、感情のコントロールをしていきましょう。感情をコントロールするには、一番扱いにくい怒りをコントロールできればうまくいきます。怒りがコントロールできれば、イライラすることが減ります。そして、怒らなくても自分の感情を表現し、自分の欲求を伝えることができるようになります。つまり、本当に怒らなければならないときにだけ上手に怒れるようになるのです。これがアンガーマネジメントの効果です。

　アンガーマネジメントを保育に取り入れることは、あなたの感情のコントロール力を上げ、保育の質を高める近道です。本章では、アンガーマネジメントを使った「怒り方」「褒め方」についてお話しします。

Section 3
「怒る」と「叱る」の違い

怒りの感情を表現する方法

　あなたが子どもを怒るのは、傷つけたり、降伏させるのが目的ではありません。子どもを責めたり、自分のイライラをぶつけることはありませんか。では、信頼関係を壊さず、上手に怒るためにはどうしたらよいのでしょう。
　そのためには「怒る」と「叱る」の違いを知ることが必要です。子どもが問題となる行動を起こしたとき、あなたは怒っていますか、叱っていますか？「意識したことはない」かもしれません。でも、私たちが怒ったり、叱ったりするのは目的があるからです。「子どもたちが大切だから」「この問題を何とか改善したいから」「もっと良くなってほしいから」ではないでしょうか。
　怒りの感情を使って何かを伝えようとしても、うまくいかないことが多いものです。それは、怒りの感情を表現する方法が間違っているため、保育者が怒っている目的、叱っている目的が子どもに伝わらないからです。その目的が伝わらないから、子どもは何度も同じことを繰り返します。つまり、あなたが怒り方や叱り方を変えていかないと、その問題は解決しません。

「伝え方」を使い分ける

　アンガーマネジメントでは、「怒る」＝「伝える」、「叱る」＝「伝える」と捉えています。怒ることも叱ることも、その理由を具体的に相手に伝えること

が目的ですが、方法を間違えると、うまく伝わりません。

　「怒る」と「叱る」の違いを挙げると、「怒る」は、感情が大きく波打って高ぶっている状態です。目の前にある腹の立つ出来事に怒りを感じて、その感情のままに怒りをぶつけてしまい、自分の感情がコントロールできず、一方的に言いたいことを吐き出してしまうようなイメージです。

　一方「叱る」は、感情が落ち着いていて波が穏やかな状態です。感情のコントロールができ、理性を保てているので、叱っている理由や目的、解決方法の提案を伝えることができます。一方的に感情をぶつけるのではなく、客観的に出来事を捉え、相手の言い分を引き出しながら、お互いにとって建設的な解決方法を探すことができます。

　自分が「怒っているな」と感じたときは、「叱る」を意識し方向転換をしていきましょう。ただし、「叱る」は、どちらかというと目下の人に対してとる行動です。同僚や先輩、上司に怒りを感じたときは「伝える」を意識してください。感情的にならず、なぜ自分が怒っているのかを整理して、相手に伝わるように伝えます。

　子どもや同僚に伝わらない怒り方や叱り方をして、エネルギーを無駄に消費しないためにも、怒りについて理解を深めていきましょう。

Section 4
子どもを怒れない保育者

優しい保育者とは？

　子どもを怒れない保育者は意外と多いのではないでしょうか。怒りたいのに怒れない、または、怒りに鈍感な保育者です。理由はいろいろと考えられますが、怒らなければならないときに怒れない保育者が担当するクラスは、崩壊の危機にあります。怒ることを推奨しているわけではありませんが、子どもが危険なことをした場合など、「怒ったほうが良い場面」は必ずあります。
　アンガーマネジメントを使って上手に怒ることができれば、子どもとの信頼関係は壊れません。
　「子どもは優しい保育者が好き」だと思いますか。もちろん、優しいほうがいいに決まっています。しかし、優しい保育者＝怒れない保育者ではありません。優しい保育者＝上手に怒れる保育者です。子どもの気持ちを大切にした怒り方ができる保育者です。「怒れない」と「怒らない」は違います。アンガーマネジメントを使って、「怒る」か「怒らない」かを自分で判断して行動できる保育者が、優しい保育者です。

怒れない保育がクラス崩壊を招く

　「怒れない」保育を続けているとどんなことが起こるのか、保育者なら想像がつくでしょう。クラス崩壊です。子どもは、間違った行動だとわかってして

いることもあります。それを保育者が怒ることで、「やっぱりこれは間違いなんだ」と認識します。経験不足から、いけないことだと気づかずにしている場合もあるでしょう。そんなときも保育者に怒られて、間違いに気づくのです。こうして、さまざまな場面で怒られた体験から、子どもは問題のある行動をしなくなっていきます。

ところが、怒れない保育者が担任の場合、この確認作業ができません。間違った行動をしても怒られないので、子どもは「やってもいいんだ」と認識してしまいます。この状態が続くことで、行動はエスカレートしていくでしょう。その結果、収拾がつかなくなり、クラス崩壊に向かいます。

保育中、あまり怒ることがないのはいいことかもしれません。でも、保育者として向上心があると、保育がうまくいかないときや失敗したとき、悔しくて、情けなくて、しんどいと感じることがあるはずです。こんなふうに思うことがない人は、怒りの感情に鈍感になっているのかもしれません。怒りを感じにくい人は、自分が感情をコントロールできている状態なのか、自分の感情に向き合うことをあきらめているのか、自分自身の感情とゆっくり向き合ってみるのもいいでしょう。

Section 5
子どもを怒りすぎる保育者

怒りすぎは子どもとの信頼関係を壊す

　反対に、子どもを怒りすぎる保育者もいます。人それぞれ理由があるでしょう。でも、怒りすぎは子どもとの信頼関係を壊します。子どもは、いつ怒られるかわからない恐怖におびえながら生活しなければなりません。あなたの怒る基準が子どもに伝わっていなければなおさらです。

　そんなクラスの子どもは、毎日保育者の顔色をうかがいながら生活します。誰かが怒られるたびに「次は自分かもしれない」とビクビクするでしょう。そして、自分がなぜ怒られているのかわからなければ、自分を守るための言い訳をするようになります。保育者に対する反発心も湧いてきます。でも反発すればもっと怒られるので、反発心を抑え込んで生活するしかありません。

怒りの連鎖を断ち切ろう

　怒りは強いものから弱いものへ流れます。保育者からぶつけられた怒りを、自分より弱い誰かにぶつけようとはけ口を探します。これが原因で、いじめに発展する可能性もあります。こうなってしまうと、もうどこから修正したらよいのかわかりません。こうして、怒りすぎる保育者のクラスで息をひそめ、我慢して1年間過ごした子どもたちは、進級後、担任が変わったとたんに大爆発します。怒りの威圧からの解放です。

　その怒りの連鎖を引き起こしたり、怒りの爆発の芽を植え込んでいるのは保育者かもしれないという気づきに、目を背けないようにしたいものです。この崩壊寸前の状態をつくり出しているのは自分です。その自分を棚に上げて子どもを怒って保育をしても、何の解決にもなりません。

　人は、自分以外の誰かを変えることはできません。それなのに、一生懸命相手を変えようとして、その結果、変えられない現実に余計イライラしてしまいます。

　自分は自分しか変えられない。自分が変わろうとしたとき、初めて変われるのです。誰かを変えようと努力する前に、まずは自分が変わる努力をしましょう。自分が変わり保育が変われば、必ず子どもも変わります。

　心にしこりができた子どもとの信頼関係を築きなおすのは、とても大変です。しかし、そんな子どもたちを救えるのも保育者なのです。アンガーマネジメントのできる保育者が増えれば、安心して保育園に登園できる子どもが増えるのではないでしょうか。怒りすぎは要注意です。

Section 6
上手に怒れない理由

「怒ることは悪いこと」という誤解

　子どもを怒れない、怒りすぎるなど、どうして「上手に怒れない」保育者が増えているのでしょうか。「上手に怒れない」とは、「怒りたいのに怒れなかった」場合と、「怒りすぎてしまった」場合です。どちらも、保育をするうえでよい状態とはいえません。

　私たちが「上手に怒れない」のは、今までの経験から感じる誤解があるからです。第2章でもお伝えしましたが、日本では「怒り」をしつけの中で教えてきました。その結果、「怒ることは悪いこと」と思っている人が多く、怒りを抑え込む傾向が強くなりました。そして、溜まりに溜まった怒りは抑えきれず大爆発します。つまり、1つ目の誤解は「怒ることは悪いこと」です。

　しかし、怒ることは悪いことではありません。怒りは人間がもつ感情の1つであり、誰もが感じるものです。我慢して抑え込む必要はありません。

「怒れば何とかなる」という誤解

　注意してほしいのは、「怒り方」には良い悪いがあるということです。あなたは、子どもに言うことを聞かせたいとき、大きな声で怒れば何とかなると思っていませんか。2つ目の誤解は、「怒れば何とかなる」です。

　子どもは、怒られると言うことを聞く場合が多いです。とりあえず怒ってお

けば、その場はあなたの思いどおりになるでしょう。でもそれは、その場しのぎのことです。あなたが怒っている理由や、どうしてほしいのかという要望は、本当に子どもたちに伝わっているのでしょうか。

　そのとき子どもが言うことを聞くのは、先生が怖いから、先生が怒っているからで、怒っている理由は理解していないのかもしれません。その証拠に、何度怒られても、子どもは同じことを繰り返していませんか。「何回言えばわかるの」「何で同じことばっかりするの」というやりとりの堂々めぐりです。これでは根本的な解決になりません。

　言いたいことを上手に伝えるには、感情に振り回されていてはうまくいきません。自分の第一次感情、怒っている理由、どうしてほしいのかという要望をうまく伝える必要があります。

　「怒っているのにそんなに冷静になれない」と思いますか？　これが「怒りはコントロールできない」という3つ目の誤解です。

　自然に湧き起こる感情はコントロールできませんが、どう表現するかはコントロールできます。つまり、怒りを感じたときにどう表現するかはあなた次第です。

　これらの誤解を解消し、上手に怒れる保育者になりましょう。

Section 7
保育者がやってはいけない怒り方

機嫌で怒り方を変える

　あなたは、気持ちに余裕があるときには許せることも、忙しかったり、体調が悪かったり思いどおりにならないことが続くと許せないことがありませんか。そんな怒り方を続けていると、子どもたちの「怒られる基準」が保育者の機嫌になり、本当に改善しなければならない自分の行動を判断できなくなります。
　「怒らない」と決めたことに対しては、どんなに機嫌が悪くても「怒らない」ようにすることで、本当に怒らなければならない場面で怒ったときの効果が上がります。

関係ないことを持ち出す

　怒るときに過去の出来事を引っ張り出して怒ると、子どもは今何が問題で怒られているのかがわからなくなります。怒るときは、言いたいことを1つにしぼって、今問題となっている事柄だけを伝えるようにしましょう。

原因を責める

　「何でこぼしたの？」「何でけんかしたの？」など、つい言いがちな「何で」攻撃です。原因を問い詰めても、子どもの行動は変わりません。「何で？」と

　聞かれた子どもは「だって…」と言いわけをしたい気持ちになります。そして、その言いわけに保育者はイラッとするのです。
　どんなに原因を責めても、過去に戻ってやり直すことはできません。過去の出来事や原因を問い詰めるより、その問題を解決するために何が必要かを一緒に考える姿勢が大切です。「どうしたら〜できるかな?」「どういう方法ならできそうかな?」と、解決方法を一緒に考える関係を築きましょう。

一方的に決めつける

　「いつも」「絶対」「毎回」は、NGワードです。「いつもお片づけできてないね」と言われると「いつもじゃないし」と言いたくなるものです。100%ではないことを、決めつけてレッテルを貼るのはNGです。
　子どもの行為をおおげさに言ったり、責めすぎないように気をつけ、怒るときは「今」の問題に限って話し合い、ポイントを1つにしぼって伝えましょう。
　これらの事柄を意識して子どもにかかわることで、あなたが怒っている目的や理由が正しく伝わり、子どもの行動も変わります。

Section 8
「怒る」方法

アサーティブコミュニケーションを使う

　怒るときは、アサーティブコミュニケーションを使うと、言いたいことが伝わりやすくなります。アサーティブコミュニケーションとは、お互いの気持ちや考えを大切にしたコミュニケーションの方法です。
　①相手の気持ちや考えを受容する
　②穏やかな口調で、自分の第一次感情を伝える
　③自分の思いや考え、今後どうしてほしいのかを伝える
　アサーティブコミュニケーションができれば、穏やかな言葉のやりとりを通して歩み寄り、お互いにとってよい方向に進むことができるでしょう。
　自分の気持ちや考えを伝えるときに使いたいのが「私メッセージ」です。これは相手と言葉のやりとりをするときに「私」を主語にする話し方です。
　例えば、友だちにけがをさせてしまった子どもに対して、「友だちにけがをさせて、びっくりしたね。先生（私）も、とても心配したよ。でも、次からは、友だちを押さないようにしてほしいと思うんだけど、どうかな？」という具合です。「私メッセージ」を使えば、相手は「責められている」という感じが和らぎます。

「私メッセージ」を使った対応

　では、事例の子どもに「私メッセージ」を使って怒ってみましょう。

> **事例**
> しんちゃん（4歳）は給食後、楽しみにしているブロックで遊びたくて急いで歯磨きに行ったのに、じゅん君が順番を抜かして、しんちゃんの前に横入りをした。怒ったしんちゃんは、じゅん君の手に噛みついた。

　まず、しんちゃんの気持ちや行動を受容することが大切です。「早くブロックで遊びたかったのに、横入りをされて悔しかったね。悔しくて腹が立ったから噛んでしまったんだね」と言ってあげます。
　その後、「私メッセージ」で「先生は、噛んでしまったことが、とても残念だったよ。どうすれば悔しい気持ちを伝えられたかな」と、自分の第一次感情を伝えた後、他にどんな行動の仕方があったかを考えられる言葉をかけましょう。

Section 9
NOといえる保育者になる

無理なことは無理と断る

　保育業務の中で避けて通れない、保護者とのかかわり。気難しい保護者、無理難題を言ってくる保護者がいるかもしれません。子どもとのかかわりより、保護者との関係のほうが面倒なことが多いのも事実です。
　そんなとき「自分はアンガーマネジメントをしているから、怒らず柔軟に対応しなければならない。保護者の言うとおりにしなければ」と思わないでください。もちろん、対応できる範囲の内容であれば、柔軟に対応してあげてください。
　しかし、「譲れない」と思うことまで保護者の言うとおりにする必要はありません。アンガーマネジメントは、怒る必要のないことには怒らないし、怒ると決めたことには上手に怒ること。つまり、自分で感情と行動をコントロールすることです。ただし、保護者に関しては、怒るというより「無理なことは断る」。そして、「理由を伝える」というスタンスで対応するほうがよいでしょう。

断り方の工夫

　理不尽な要求だとしても、それには必ず第一次感情が関係しています。そこに目を向けられるかどうかで、今後の関係も変わるでしょう。
　最終的には「無理なことは断る」という判断であっても、まずは保護者の言

い分を聞き、事実と思い込みを区別して考えることが大切で、どんな第一次感情が溜まっているのか、一番の要望は何かをしっかりと傾聴すれば保護者の怒りを買うこともないでしょう。

　傾聴とは、相手が話していることにていねいに耳を傾け、気持ちを受容し、共感的な態度で「聴く」ことです。「保育者は私の気持ちをわかるはず」と思っている保護者はあなたが傾聴することで、本当に伝えたい気持ちや要望を話してくれるはずです。

　また、保護者の状況に応じて、1人で対応するのではなく、落ち着ける場所を用意し、園長や上司に立ち会ってもらいましょう。

　お勧めしたいのは、年度の初めからアンガーマネジメントで、保護者との信頼関係づくりをしておくことです。アンガーマネジメントができると、理不尽な怒りをぶつけられたとき我慢するのではなく、受け流すことで客観的に出来事を捉えることができます。保護者の怒りを穏やかに受け止めることができれば、より良い方向に進むための解決策が見つけやすくなるでしょう。

Section 10
「怒る」も「褒める」も ゴールは同じ

自己肯定感を高める褒め方

　「怒り方」と同じように「褒め方」も大切です。褒めて育てられることは子どもの自信につながり、自己肯定感も高くなります。あなたもきっと、自己肯定感を高めるためにさまざまなかかわりを工夫していると思います。
　自己肯定感を高めることを目指した褒め方は「おりこうね」「上手ね」では言葉足らずなのですが、それはなぜでしょうか。
　それは、何が「おりこう」で、何が「上手」かが正しく伝わらないからです。「怒る」も「褒める」も、目指すところは同じです。では、一番言いたいことを伝えるためにはどうすればよいのか考えてみましょう。

認める→怒る（叱る）＝伝える

　最初は「認める」ことです。否定や批判、非難、評価せず、「子どもの行動や言葉」をそのまま受け止め、認めます。「お友だちを叩いてしまったのね」「○○君のほうが悪いと思っているんだね」と、子どもの姿や言葉、気持ちを受け入れましょう。どんなに許せないと思っても、すぐに怒らないでください。まずは衝動をコントロールして、心を落ち着かせ、「認める」言葉をかけましょう。
　次に「怒る（叱る）」です。その前に、思考のコントロールをしてください。目の前の子どもの姿は、「許せる」「許せない」どちらでしょう。「許せる」の

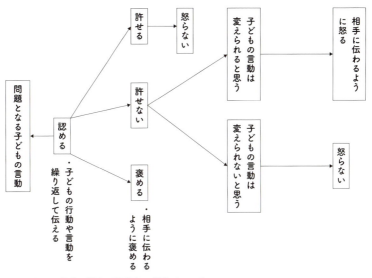

図　子どもの言動に対する保育者の対応イメージ

なら「怒らない」。「許せない」のなら怒ればいいのです。

　「怒る」と決めたあなたが上手に怒るためには、行動のコントロールが必要です。子どもの言動を「変えられる」のか「変えられないのか」を考えていきましょう。「変えられない」のなら、ここでも「怒らない」があなたの行動です。でも、「変えられる」と思うなら、相手に伝わるように怒り方を見つけましょう。

認める→褒める＝伝える

　「褒める」ときも、ポイントは「怒る」ときと同じです。「認める」とは、相手の姿をあるがままに受け入れること。「伝える」とは、相手に伝わる褒め方をすることです。

　では、「伝わる」褒め方のポイントは何でしょうか。「褒める」ことが大切なのは誰でも知っていますが、正しい褒め方がわからない人も多いのではないでしょうか。そこで次のページから、具体的に「認めるときのポイント」と「褒め方のポイント」をまとめてみます。

Section 11
認めるときのポイント

相手のあるがままを受け止める

「怒る」「叱る」「褒める」ときに大切にしたいのが「認める」ことです。ここでは、「認める」ことを詳しく考えていきます。

ここでいう「認める」とは、相手の言葉や行動をそのまま受け止め、否定や批判、非難、評価しないことです。

それでは、否定、批判、非難、評価せずに「認める」には、どうすればよいのか、次の事例で考えてみます。

> **事例**
> ドッジボールをしていたしょう君の投げたボールが、そばを走っていたなおちゃんの背中に当たり転んでしまった。
> 「痛い！ 何もしていないのに、何でボールを当てるの」と怒ったなおちゃんは、しょう君を叩いた。すると、しょう君は泣き出してしまった。

このとき、なおちゃんに対して「認める」言葉をかけるとしたら、どのように伝えますか。ポイントは最初から否定、批判、非難、評価しないことです。

言葉を認める、行動を認める

具体的には、「言葉を認める」「行動を認める」方法があります。

　「言葉を認める」とは、なおちゃんの「痛い！　何もしていないのに、何でボールを当てるの」という言葉を認めることです。この言葉を認めるには「ボールが当たって転んだの、痛かったね。何もしていないのに、ボールを当てられたと思ったのね」という言葉かけが必要です。

　次は「行動を認める」です。なおちゃんの行動は、怒ってしょう君を叩いて泣かせたことです。この行動を認める言葉をかけるとしたら「怒ってしょう君を叩いてしまったんだね。叩いたらしょう君が泣いたからびっくりしたね」と、そのときの行動を受け止めつつ、なおちゃんの表情などを観察することで、今の気持ちを代弁してもよいでしょう。

　自分の今の状態をありのままに認めてもらえた子どもは、保育者が自分を責めていないことを感じるでしょう。言葉や行動を受け止めることは、子どもの気持ちに目を向けた寄り添いの姿勢です。気持ちに寄り添ってもらえることで、子どもは身構えることなく、相手の話を聞けるようになります。その状態をつくることができれば、「怒る」「叱る」「褒める」が伝わりやすくなります。

Section 12
褒めるときのポイント

「何が」をうまく伝える

子どもを褒めるときのポイントは、次の3つです。
①過程や努力を褒める
　年長児でも、生まれてから6年しか経っていない子どもです。人生は、これからです。さまざまな経験を通して努力したことを褒められた子どもは、がんばる力を培うことができます。褒めるときは、それまでの過程や努力を褒めるようにしましょう。
②自分のがんばりに気づくように褒める
　たとえ過程を褒めても、子どもに伝わらなければもったいないですよね。褒めるときは、子どもががんばったことを自覚できる声かけをしましょう。
　がんばった事実に目を向けてもらい、褒めてもらった子どもは、自信がもてるようになります。保育者に褒められたことで、またがんばろうという気持ちになるでしょう。
③行動を具体的に褒める
　意識したいのは、褒める内容を具体的に言葉にすることです。「がんばったね」「かっこいいね」だけでは不十分。「転んだけど、最後までがんばって走ることができたね」「小さい組のお友だちの世話ができるって、かっこいいね」という具合です。
　自分の行動を褒められ、努力を認めてもらった子どもは、自分がどう行動

することがよいのかを学びます。何度も褒められることで成功体験を重ね、やる気が高まり、困難な出来事に対しても乗り越えようとする意欲をもつでしょう。

褒めることの効果

このように、褒めるときの3つのポイントを意識して子どもとかかわることで、信頼関係が築きやすくなります。

アンガーマネジメントは「怒り」に特化した感情コントロールですが、怒っていることを伝えるためには、怒り方だけでなく、褒め方の工夫も必要です。子どもを褒めて伸ばすことは、子どもの自己肯定感を高めたり、自尊心を育む効果があります。そして、子どもの言動を否定、批判、非難、評価せずに受け止めることは、子どもの安心感につながります。

アンガーマネジメントを使って上手に怒ることができれば、子どもは怒られた経験を、自分を高めるモチベーションへと変換することができます。エネルギー変換ができた経験を保育者に褒めてもらうというプラスの連鎖が、自信や物事に立ち向かう勇気を育てていくことになります。

次に、その自信と勇気を育むために、「伝え方」について話します。

Section 13
伝わるように伝える

曖昧な言葉の基準は人それぞれ

　ここまで、怒り方や褒め方についてポイントを話してきましたが、キーワードは「具体的に」ということです。
　「具体的に」伝えようとするには、意識して言葉にすることが必要です。しかしそれは、意外と難しいです。通常私たちは、曖昧な言葉を使っていることが多いものです。「ちゃんとやりなさい」「ちょっと待って」「そんなことしません」と言っていませんか。「ちゃんと」「ちょっと」「そんなこと」の基準は、人それぞれです。保育者のあなたと子どもの基準も異なります。
　例えば、散らかった部屋を見て、あなたは「ちゃんと片づけてよ」と言います。子どもたちはすぐに片づけを始めますが、一向に片づかない様子を見て、「ちゃんと片づけなさいと言ったでしょ」と怒ります。すると子どもたちは「えっ、片づけたよ」と言うのです。
　これは、保育者が曖昧な言葉を使ったために起こる、子どもとのギャップです。保育者の「ちゃんと」は、おままごとのお皿やコップ、ごちそうは専用の箱に入れる、箱は棚の中に片づけるというイメージです。しかし子どもたちのイメージは、床に出ている玩具を箱の中に入れるだけだったのかもしれません。自分は片づけたと思っているのに怒られると、子どもは「ちゃんと片づけたのに怒られるのなら、今度から片づける必要はない」と思うかもしれません。
　「お皿とコップは食器の箱、ごちそうはごちそうの箱に入れて、棚の中に片

づけてね」と伝えれば、保育者と子どものイメージが一致します。これが、具体的に伝えるということです。

曖昧な言葉を言い換える

　子どもがあなたの望む行動をとらないとき、「もしかしたら、伝わっていないかも」と立ち止まってみましょう。「そんなこと」「あんなこと」「こんなふうに」「ちゃんと」「ちょっと」という曖昧な言葉を具体的に言い換えることで、伝えたいことが伝わりやすくなります。

　さらに、「おしゃべりをしているのは誰?」「どこに行くつもりなの?」などの疑問形も使わないほうがいいでしょう。「おしゃべりをしているのは誰?」と言ったものの、保育者は誰がしゃべっているのかを知りたいのではなく、静かにしてほしいと思っているのです。しかしこれでは、子どもには伝わりません。伝えるには、「〇〇ちゃん、今は大事な話をしているから静かにしてね」と言います。普段何気なく使っている曖昧な言葉や疑問形を、「具体的に」言い換える工夫をしていきましょう。

Section 14
「褒める」方法

褒める練習をしてみよう

　ここまで「認める」「褒める」ポイントについて話してきました。具体的に伝える方法について、イメージできたのではないでしょうか。
　次に、事例をもとにこれらのポイントを活かしながら「褒める」練習をしてみましょう。あなたなら、まゆちゃんをどう褒めますか。認めること、伝えることを意識した褒め方を、表に書いてみましょう。

> **事例**
> 　運動が苦手なまゆちゃん。運動会の障害物競走で鉄棒があるため、毎日逆上がりの練習に励んでいる。登園後、すぐに鉄棒に向かって練習する毎日。友だちに背中を支えてもらうサポート回りを何度も繰り返しているが、なかなかうまくいかない。運動会前日、あともう少しというところまでできたが、一度も成功しなかった。
> 　当日、一度失敗したものの、二度目のチャレンジで逆上がり成功！　まゆちゃんはビックリした表情で、とても嬉しそうにゴールに向かった。

認める	
褒める＝伝える	

プロセスを褒める

解答例として

「認める」：逆上がり、成功したね。

「褒める＝伝える」：毎日一生懸命練習して、最後まであきらめずにがんばってきたまゆちゃんが、先生はとっても大好き。先生もすごく嬉しかったよ。
などが考えられますが、あくまでも解答例です。あなたが思う「認める」「褒める＝伝える」で大丈夫です。大切なのは、逆上がりができた結果だけを褒めるのではなく、毎日努力して練習してきた過程に重きをおいて褒めることです。たとえ本番で逆上がりが成功しなくても、まゆちゃんを褒めることはできます。努力を褒めてもらった子どもは、チャレンジし続ける勇気をもつことができます。

今回は結果が伴った事例ですが、失敗した場合でも、今までの過程や努力を認め、がんばってきたことに気づかせ、行動を具体的に褒めるようにしましょう。「褒められる」経験は、子どもの成長の可能性を広げてくれます。そうしたかかわりができる保育者でありたいですね。

Section 15
怒りの原因を他人や物のせいにしない

怒りの源は自分自身

　子どもを上手に褒めることができる保育者は、子どもに安心感を与え、信頼されます。その信頼関係のもとで「怒る」ことは、子どもにとって意味があることです。「信頼している保育者が怒っている。ちゃんと話を聞こう」と自然に思える関係だからです。

　最近は保育園でも「クラス崩壊」が問題になっていますが、この「怒る」「褒める」が上手にできれば、このような問題は起こりません。保育者自身が怒りに対する誤解を解き、言うことを聞かない子どもや理解しない保護者、サポートしてくれない同僚に対する怒りなど、自分の中にあるさまざまな怒りの感情でがんじがらめの状態から抜け出しましょう。

　怒りの感情でがんじがらめになっている負のスパイラルから抜け出して自由になるためには、怒りの原因を他人や物のせいにしないことです。あなたの怒りを生み出しているのは、あなた自身です。あなたが怒りを感じるのは、あなたが大切にしている「べき」を裏切られたからです。ですから、誰かや何かの出来事があなたを怒らせているわけではありません。

　怒るも怒らないも、あなたの自由です。負のスパイラルから抜け出すことができるかどうかもあなた次第なのです。

自分の感情に責任をもつ

　アンガーマネジメントを続けていくということは、自分の感情に責任をもつということです。
　生きていくうえでは、常にポジティブな感情ばかりではいられません。ネガティブな感情が湧き起こることもあるでしょう。でも、ネガティブな感情を否定する必要はありません。ポジティブな感情もネガティブな感情も自分の感情として受け入れ、上手に付き合っていきましょう。
　心にネガティブな感情の割合が高いと、物事をネガティブに捉えがちになります。そんなときは「幸せだな」と感じる場面を思い出してみましょう。ネガティブな感情を減らすことばかりを意識するのではなく、ポジティブな感情を心に注ぐことで、ネガティブな感情が緩和されます。心にどんな感情を注ぎ込むかは、あなたの自由です。
　他人や物に感情を振り回され、ネガティブな感情を増幅させるのではなく、自分の感情は自分でコントロールすると決めて、負のスパイラルから抜け出し、アンガーマネジメントを実践していきましょう。

Section 16
今に集中することでイライラを減らす

子どもと大人の違い

　子どもは、頭で考えていることを口に出してつぶやくことがあります。例えば、3歳の子どもに「園長先生のお部屋に行って、『セロハンテープをください』と言ってきて」と頼みごとをすると、その子は園長先生のところに行くまで「セロハンテープください」とつぶやきながら歩いていくことでしょう。

　大人と違って、子どもは考えていることを頭の中に留めておくことができません。テレビでも、子どもが1人でお買い物に行く番組がありますが、小さな子どもが「にんじん、玉ねぎ、ジャガイモ…」と繰り返しながら歩いています。

　しかし大人は、今していることとは別のことを頭で考えていることが多いです。設定保育中、「今日は製作を始めるのが遅くなったから、時間が押してしまった」「10時50分には片づけよう。給食を食べた後は、絵本コーナーへ絵本を借りに行こう」など、身体はここにありながらも意識は過去に戻ったり未来に向いたりしています。子どもたちが見通しをもって行動できるよう、先を見据えながら段取りを考える必要があるため、この傾向が強いと思われます。

"今"に集中する

　これは、保育に大切な意識のもち方ですが、その意識が強くなりすぎると、イライラすることが増える可能性があります。「あれもしなきゃ、これもしな

きゃ」と、先のことばかりを考えてイライラするのです。

　これからは、今に集中する「マインドフルネス」でイライラを減らしていきましょう。マインドフルネスは、今この瞬間の自分の体験に注意を向けて現実をあるがままに受け入れることです。子どもと遊ぶときには「遊ぶことだけに集中する」、書類を書くときには「書類を書くことだけに集中する」といった感じです。

　保育を組み立てるうえでは、始まりの時間と終わりの時間を決めておくことが必要です。その目安はもちつつ、例えば泥んこ遊びをするときは、力いっぱい楽しみましょう。子どもは、その瞬間を力いっぱい楽しんでいます。子どもと保育者の今を共有できれば、自然と今を満喫できるでしょう。

　今に集中することで、自分がしていることの一つひとつが充実したものになり、満足感で満たされます。ポジティブな感情が注ぎ込まれることで、自然とネガティブな感情が減っていきます。

　一つひとつの保育に対する満足度を上げることで、あなたも子どもも、自分の感情とうまく付き合える毎日を送ることができるようになります。

　さあ。今は本を読むことに集中しましょう。

Section 17
未来の不安や過去の後悔にイライラしない

今に意識を集中させることで感情をコントロールする

　今に集中することが苦手な私たちの頭の中は、どんな状態なのでしょう。身体は今この瞬間、この場所にあるのに、頭の中は過去や未来にタイムトラベルしている状態です。これが私たちがイライラする原因です。

　あなたは「ああなったらどうしよう」「これでうまくいくだろうか」など、未来に対して不安を感じたことはありませんか。今しなければならないことがあるのに、それを置き去りにして、未来に対する不安ばかりに注目すると、心のコップがいっぱいになり、イライラは増幅します。そして、今しなければならないことまでうまくいかなくなるのです。

　しかし、今に意識を集中させること（マインドフルネス）で、一つひとつの出来事に対する満足度が上がり、不満や不安が減ります。すると、マイナスな第一次感情が減るので、感情がコントロールしやすくなります。

日常生活に取り入れる

　マインドフルネスで大切なのは、未来に対する不安を引っ張ってきたり、過去の後悔を思い起こさないことです。「あのときこうすればよかった」「あんなことしなければよかった」と、戻ることのできない過去の出来事に力いっぱい後悔しても、変えられない現実にイライラするだけです。過去の後悔に意識を

集中させるのではなく、今何ができるのかに意識を向け、その後悔や悔しさをバネに未来を変える努力をしたほうが建設的です。次に同じ後悔をしないためにも、今していることに意識を集中し、アンガーマネジメントをうまく取り入れ、これからの行動を充実したものにしましょう。

　これが習慣となり、感情のコントロールができるようになると、たとえ気に入らない出来事が起こっても、反射的な言動をせずにすむようになり、目の前の出来事を客観的に捉えることができるようになります。客観的に捉えることができれば、「怒る」「怒らない」の仕分けが冷静にでき、怒ったり怒らなかったりが上手になります。

　アンガーマネジメントを長く続けていくためにも、「今に意識を集中する」ことを生活の中に取り入れてみましょう。「ご飯を食べることに集中して、味わいながら食事をする」「散歩することに集中して、鳥のさえずりや風の肌触りを感じることで、季節の移り変わりに気づく」など、保育園以外でも簡単に取り入れることができます。

　先を見通して計画する力と、今に意識を集中して穏やかな心を保つ力を使い分け、未来の不安や過去の後悔に縛られない自分を手に入れましょう。

Section 18
解決志向で考える

レッテル貼りの弊害

　あなた自身が過去の後悔に縛られないようにするとともに、相手に対して過去を後悔させる責め方をしないことも大切です。

　怒るとき「原因を責める」のはNGです。原因を責めるということは、相手の過去に注目した言動です。原因を責めても、何の解決にもなりません。たとえどんなに後悔しても、過去に戻ってやり直すことはできません。「なんで」「どうして」と相手を責めるのではなく、これから同じ間違いをしないためにどうしたらよいのかに焦点を当てるほうが建設的です。

　トラブルの多い子どもに対して、「どうしてトラブルばかり起こすのか」と、その問題ばかりに注目していると、子どもをマイナスに評価してしまいます。そうではなく、解決志向で「どうやったら落ち着くことができるだろうか」と、今後のかかわり方をどのように変えるかを考えてみるのです。発達段階も個性も違う子どもたちが集まっている集団で保育するのに、1つのかかわり方だけでうまくいくはずがありません。

　一人ひとりの個性を大切にする保育が望まれている今日ですが、保育がうまく進まない原因を子どもの個性のせいにしがちなところがあるのではないでしょうか。「あの子は集中力がない」「あの子は衝動的だ」「あの子はトラブルばかり起こす」「あの子は生活面が身につかない」というレッテルを貼ってしまうと、その見方でしか子どもを見られなくなってしまいます。

　保育のプロとして、集中力を高めるために工夫できることはないか、衝動性のある子どもやトラブルを起こす子どもに対して、今までとは違うかかわり方ができないかなど、解決に向けた配慮や援助を考えたいものです。

人間関係を良好に保つことが環境整備につながる

　保育者が不足している園も多い中、一人ひとりの子どもに合ったかかわりを求めるのは無理なことかもしれません。

　特に中堅保育者は、子どもの保育だけでなく、保護者への相談支援、若手の育成、園長や副園長のサポートなど、1人二役以上の働きをしなければならないこともあります。そんなハードな仕事をできるだけストレスなくこなすには、人間関係の良さが必要です。

　ストレスのかからない人間関係を築くためには、コミュニケーションが大切です。そのためにも、自分の感情をコントロールする力が必要になります。アンガーマネジメントを使って、物事を解決志向で捉えていくことは、自分のコミュニケーション能力を上げ、保育をしやすい環境を整えることになります。◆

Section 19
感情表現の幅を広げる

感情を表現する言葉をたくさん使う

　自分の感情をコントロールするうえで必要になるのが、感情の幅を広げることです。感情をコントロールするためには、今自分がどんな気持ちなのかを言葉におき換えて表現することが必要です。つまり、感情を表す言葉を増やせば、上手に感情を表現できるということです。
　「自分は怒りやすいな」と思うのなら、感情表現の語彙が少ないのかもしれません。「あー、もういい」「もう、知らない」と言いたくなるとき、気持ちがモヤモヤしませんか。自分が感じる気持ちを言葉にできないと、モヤモヤしてしまいます。そして、感情を言葉で表現できないから、「怒る」という行動で表現するしかないのです。
　子どもは、感情表現の方法を身近な大人から学びます。子どもと接する時間の長い保育者が感情表現の言葉をたくさん使うことで、子どもは自然とその使い方を学び、感情表現の幅を広げます。

伝えることで、子どもは獲得する

　怒るときは「私メッセージ」を使い、自分の第一次感情を言葉にして伝えることが大切だと話しました。その第一次感情を伝えるためには、感情表現の言葉を増やす必要があります。プラスの感情もマイナスの感情も、どちらも大切

な感情です。

　あなたは、どんな感情表現の言葉を思いつきますか。嬉しい、気持ちいい、おもしろい、かわいい、感激、感動、満足、不思議、感謝、誇らしい、好き、嫌い、幸せ、ウキウキ、ドキドキ、ワクワク、夢中、うらやましい、心配、悲しい、怖い、かわいそう、気持ち悪い、あきれる、切ない、悔しい、緊張、苦しい、寂しい、恥ずかしい、落ち込む、怒る……。

　これらはほんの一例ですが、普段このような言葉を使って自分の気持ちを表現していますか。あなたは、この言葉を見て、「こういう気持ち、わかる」と思うでしょう。でも、この言葉を知らない子どもにはピンとこないはずです。このような気持ちを感じても、言葉を知らなければ表現できません。感情表現の言葉は、保育者が知っているだけではなく、子どもに使い方を伝えていくことで子どもと気持ちを共感することができるのです。

　基本的な感情を表す言葉の獲得は、子どもの日常生活を情緒豊かなものに変え、子ども同士が気持ちを共感し合う機会も増えます。自分の気持ちを言葉で表現できる子どもは、キレない子どもに成長します。だからこそ、感情表現の言葉の獲得は必要不可欠なのです。

Section 20
受け止め方を変える

物の見方を柔軟にする「リフレイミング」

　感情表現の幅を広げることと同じく大切なのが、物事の受け止め方を変えることです。

　アンガーマネジメントをしていくうえで、スマイリーボックスに入れられる「べき」を増やすという話をしました。「べき」をたくさんもっている人ほど、怒りっぽくなると話しました。ここでは、「べき」を減らすために、物事の受け止め方を変える方法をお伝えします。

　「リフレイミング」という言葉を聞いたことがありますか。人にはそれぞれ、物事の捉え方の特徴があります。「私、ネガティブ思考なの」という人がいますが、その人は、目の前の出来事を見たときに、ネガティブな方向から捉える癖があるのでしょう。しかし、ポジティブ思考な人は、同じ出来事を違う方向から捉えることができます。

　ポジティブとネガティブは表裏一体なので、受け止め方次第でポジティブにもネガティブにもなります。

　リフレイミングで違った角度から捉えることができると、物の見方が柔軟になります。柔軟になれば「そういう見方もある」「そういう考え方もある」と言えるようになり、「べき」が柔軟になります。

プラスの意味に書き換える

それでは、次の文章をプラスの意味に書き換えてみましょう。

①あの子は集中力がない→
②あの子はいい加減→
③あの子はおしゃべり→
④あの子は落ち着きがない→
⑤あの子は頑固→
⑥あの子は暗い→
⑦あの子はこだわる→
⑧あの子は消極的→
⑨あの子はだらしない→
⑩あの子は負けず嫌い→

いかがですか。リフレイミングできましたか。それでは解答例です。
①あの子は好奇心旺盛で、いろいろなことに興味をもっている
②あの子は柔軟性があって、自由に物事を考えられる
③あの子は誰とでも分け隔てなく話ができる
④あの子は元気がよくて活動的だ
⑤あの子は自分の考えをしっかりもっている
⑥あの子はしゃしゃり出ず、冷静に物事を考える
⑦あの子はやりたいことを最後まで貫く力がある
⑧あの子は周りの意見を大切にすることができる
⑨あの子は大らかで、自分のペースを大切にできる
⑩あの子は目標を高くもち、がんばることができる

一見、扱いにくいと思える子どもの特徴も、言い換えると長所に見えてきませんか。「べき」を柔軟にしていくためにも、リフレイミングの練習をしましょう。

Section 21
マイナス評価をしない

「いいところ探し」の効果

　リフレイミングができるようになると、子どもだけでなく、同僚や保護者に対してもプラス思考で対応できるようになります。

　誰しも、マイナス評価よりもプラス評価をされるほうが気持ちのいいものです。若手の保育者がマイナス評価され続けると、成長できません。いつまでも成長しないままだと、負担は同僚にかかってきます。それを防ぐためにも、さまざまな角度から若手を見ることが必要です。ベテランの保育者は、上からも下からも頼りにされることが多く、負担が大きい役どころですが、若手の育成は園のためにもあなたのためにも、プラスとなることでしょう。

　無理なく若手を育成する方法として、「いいところ探し」をしてみましょう。

　保育中、「友だちのいいところ探し」をしたことがありませんか。「転んだとき、○○ちゃんが大丈夫って言ってくれた」「トイレに行きたいとき、△△君が順番を替わってくれた」など、子どもが友だちのいいところを見つけられたときに発表するのが「いいところ探し」です。

　この「いいところ探し」は、一方向からだけ見るのではなく、さまざまな角度から、「どんないいところがあるだろうか」と探すことが大切です。今まで気づくことのなかった、若手保育者のいいところが見つかるはずです。加えて、あなたの「いいところ探し」もしてもらいましょう。

「いいところ探し」でマイナスの感情を減らす

　アンガーマネジメントは、心のコップにマイナスな感情の水がいっぱい溜まっているとうまくいきません。コップに溜まったマイナスの感情を減らすことが最初の一歩です。でも、今まで溜まったマイナスの感情を一気に減らすことは難しいかもしれません。そこで使えるのが「いいところ探し」です。お互いを褒め合い、褒めてもらったら素直に喜びます。

　子どもは褒められると喜びます。それは大人も同じです。褒めてもらうことで、心にプラスの感情が注ぎ込まれます。プラスの感情が増えると、マイナスの感情は自然に消化されます。マイナスの感情よりもプラスの感情が多くなれば、アンガーマネジメントも取り組みやすくなるでしょう。

　職員会議や園内研修で取り入れることで、同僚をマイナス評価せず、プラスの面に目を向けられるようになります。自分が知らなかった自分に気づくことができるかもしれません。いいところを共有し合うことで、人にはそれぞれ個性や特技、能力があることに気づきます。それを知ることでお互いのいいところを発揮し、協力し合えるようになるでしょう。

Section 22
事実と思い込みを分けて考える

他人の思い込みへの対応

　マイナス評価をしがちな人は、事実と思い込みを混同して腹を立てていることがあります。
　例えば、次の場面を想像してください。
　月曜日、雨の朝は通勤ラッシュで大渋滞。いつもは早めに家を出るのに、今日は寝坊して遅くなってしまった。結局、出勤時間を過ぎて園に到着。園長先生に「先生はよく遅刻をするわね」と言われ、とても腹が立ち「いつも遅刻しているわけではありません！」と言い返してしまった。
　腹が立つ気持ちはわかります。しかし、そんな苛立ちの一方で、マイナス評価をしがちな人は、「園長先生は私のことが嫌いなんだ」「どうせ私なんて、何をやってもうまくいかないんだ」と、自分自身を責めることがあります。
　でも誰だって寝坊することはあります。だからといって、いつも遅刻しているわけではありません。つまり「よく遅刻をするわね」というのは、園長先生の思い込みです。事実は「今日は遅刻をした」ことです。
　この場合、園長先生に言葉を返すとすれば、「今日は遅刻してすみませんでした。私はいつも遅刻をしているわけではありませんが、雨の日にはもっと早く家を出るようにします」と言えるでしょう。遅れてしまった事実に対して謝罪し、園長先生の思い込みに対しては、事実とは違うということを伝えてもいいでしょう。

　このように、事実と思い込みを分けて考えることができれば、怒りに振り回されることも減ります。

子どもへの接し方

　逆の立場に立ったときも、事実と思い込みを分けて考えることを忘れないでください。子どもがトラブルを起こしたり失敗したときなど、あなたの思い込みで怒らないようにすることです。子どもは、理不尽に怒られることに対する免疫がありません。そのため、事実とは異なる保育者の思い込みで怒られる経験が多くなると、自己肯定感が低くなってしまいます。「自分のことを信じてもらえない」「どうせ何を言っても無駄だ」と思うようになると、信頼を取り戻すのは大変です。

　誰かから怒りの感情を受けるときも、誰かに怒りを伝えるときも、事実と思い込みを分けて捉えることは、アンガーマネジメントをしていくうえで大切です。日々の保育で、事実を見ようとする姿勢は、あなたの信頼度を上げ、同僚の見本となり、園のより良い雰囲気づくりにつながります。

Section 23
自分の未来を自分で決める

変わろうと努力すること

　あなたがこの本を手に取ったのは、「アンガーマネジメントができるようになりたいな」と思ったからでしょうか。そうでなかったとしても、きっと「こんなふうになりたいな」「こうなったら素敵だな」と思い描いた未来があるはずです。
　未来は必ずやってきます。その未来が幸せなのか不幸なのかは、自分で決めることができるのです。
　短気で怒りっぽい自分が嫌で、アンガーマネジメントを学んだ私。今の自分を変えたいと思ったことで、未来は大きく変わりました。
　人は、自分が変わろうとしなければ変わることはできません。変わろうと努力することで、自分の未来は変わるのです。これが、アンガーマネジメントの考え方です。

アンガーマネジメントは未来志向

　アンガーマネジメントは、未来志向で物事を捉えます。今よりもっと良くなるためにどうすればよいのかを考えます。現状に至った原因を掘り返しても、何の解決にもなりません。今から、未来に向かってどのように行動するのかを大切にしましょう。

　そのためにも、アンガーマネジメントが必要です。自分の怒りの感情をコントロールできれば、どんな未来にするかを自分で決めることができます。
　あなたは自分の未来にどんな保育者像を描きますか。
　その未来を手に入れるために何が必要ですか。
　今、何ができますか。
　ここまでくると、アンガーマネジメントのことを随分理解できたのではないでしょうか。もう「知っている」程度ではなく、実践できるレベルになっているでしょう。
　アンガーマネジメントは「知っている」だけでは実践することは難しいです。でも、ここまで読み進めてきたあなたは、アンガーマネジメントを理解し、トレーニングを続けることで実践できるレベルに到達しています。あとは自分の望む未来を手に入れるだけです。
　次章から、具体的な事例を通して、アンガーマネジメントのテクニックをお話しします。

第 4 章

事例から学ぶ
上手な「伝え方」

本章では、アンガーマネジメントの中でも
すぐに使えるテクニックについて紹介します。
年齢ごとの事例を通して、NG対応やポイント、すぐに使えるテクニック、
さらにアンガーマネジメントとしての伝え方を紹介します。

習慣にしたい日常の約束事

アンガーログ

　事例に入る前に始めてほしい、アンガーマネジメントの取り組みがあります。
　1つ目は「アンガーログ」です。これは怒りの記録・日記です。エプロンのポケットに入る小さなメモを用意しておき、怒りを感じるごとに記録をつけていきましょう。目に見えない怒りを文字に起こすことで、視覚化することができます。アンガーログは腹が立った瞬間に記録をつけます。文章にすることでクールダウンできるという効果もあります。

アンガーログのつけ方と約束
　①怒った瞬間につける
　　（日時・場所・出来事・思ったこと・怒りの温度）
　②怒るたびにつける
　③分析しない
　例えばこんな感じです。

日時：5月21日　9：30　場所：テラス
出来事：ゆづ君がカバンを置きっぱなしにしている。
思ったこと：また片づけずに遊んでいる。何回言ったらできるようになるのかしら。
怒りの温度：2

```
日時：8月8日　16：00　場所：事務所
出来事：監査のため、書類を出すよう頼んでいたのに、真弓先生がまだ提出し
　　　ていない。
思ったこと：監査のときぐらい協力してよ。それでなくても、なかなか終わら
　　　　　ず大変なのに。
怒りの温度：8
```

　アンガーログをつけるときには分析しないことがルールですが、ある程度記録が溜まってきたら、それらを分析してみます。

　分析は気持ちにゆとりのあるときを選びましょう。1週間ほどを目安とします。自分がどんなことに怒りやすいのか、また、いつ怒りやすいのかなど、自分の怒りの特徴や傾向を見つけるために、記録を分類してみます。

　まずは、時間帯に分けてみます。どの時間に怒りを感じていることが多いでしょうか。次に、場所ごとに分けてみましょう。どこで怒っていることが多いですか。さらに、出来事や人で分けてもいいでしょう。どういう場面で怒って

いるかがわかるはずです。

　最後に、怒りの温度別に分けます。どんなことに強い怒りを感じているのかが見えてくるでしょう。自分の怒りのツボが見つかれば、予防線を張ることができます。そして、イライラしないために、テクニックを使って対処することができるようになります。

ハッピーログ

　アンガーログと並行して、ハッピーログもつけてみましょう。ハッピーログは、嬉しいことメモです。怒りではなく、嬉しいことを記録します。アンガーログをつけるのがつらいときは、ハッピーログを中心につけていきましょう。どんな小さなことでもかまいません。

　私たちは、普段何気なくやっていることがたくさんあります。でもそれらは、当たり前のことばかりではありません。自分には当たり前のことでも、他人から見れば「真似できない」ことだってあります。ただ、自分が気づいていないだけ、気づこうとしていないだけなのかもしれません。

　また、周りにあるたくさんの幸せに目が向かないことも多いのではないでしょうか。「毎朝、子どもたちが元気に保育園にやってくること」「子どもが、『先生、大好き』と言ってくれること」「壁面が上手に作れたこと」「給食がおいしかったこと」など、小さな幸せに目を向ける習慣をつけていきましょう。

　ハッピーログは、いつもよりちょっと嬉しかったことや楽しかったことを見つけて記録することで、腹の立つことばかりではなく、保育の中にある小さな楽しさや喜びを感じることができるようになります。

ハッピーログのつけ方
嬉しかったこと、楽しかったことがあったときにつける

日時：9月20日　9：00　場所：朝の検診場所
出来事：0歳児クラスの桜ちゃんが初めて、握手をしてニッコリ笑ってくれた。
思ったこと：かわいい、とにかくかわいい。あの笑顔で1日がんばれそう。
嬉しい温度：9

> 日時：10月5日　8：30　場所：事務所
> 出来事：週指導案を提出した。
> 思ったこと：月曜日の朝に週指導案を提出できて気持ちがいい。
> 嬉しい温度：3

　アンガーログと同じように、ハッピーログも、ある程度溜まったら分析をしましょう。時間帯や場所、出来事、人、嬉しい温度に分けて、毎日のハッピーを視覚化します。きっと、あなたが思うよりもたくさんの幸せがあふれていることに気づくでしょう。

　このように、アンガーログ、ハッピーログを続けて習慣づけることで、怒りにくい体質をつくることができます。この後紹介する対処術テクニックを使いながら、保育の中にアンガーマネジメントを取り入れていくことで、あなたのコミュニケーション能力が上がり、保育の質も上がります。

5歳児

保育者の話を聞かない子どもに対して
〔ポジティブセルフトーク〕

　年長クラスの子どもたちにとっては、最後の遠足。楽しい気持ちもわかるが、大切な約束事を話すときは聞いてほしいと思っているのに、おしゃべりをしている子どもが2人。「たい君、げん君」と何度か声をかけたが、知らん顔でしゃべり続けていることにイラッとし、「いい加減にしなさい！　いつもおしゃべりばっかりして！」「何で先生の話が聞けないの？」と大声でどなってしまった。

❌ NG対応　NGワードを使って叱る

　「いつも」は、叱るときのNGワードです。「いつもおしゃべりばかりして」と言われると、「いつもじゃないし」と言いたくなるものです。100％ではないことを、一方的に決めつけて責めないようにしましょう。「今」の問題について話をする意識をもつと、内容が伝わりやすくなります。

❌ NG対応　原因を責める言い方をする

「何で〜なの?」と言われると、「だって…」と言い訳をしたくなります。何でそうなったかという理由に着目するのではなく、「どうしたら先生の話が聞けるようになるかな?」など、問題が解決に向かう言葉を使い、行動を改善するためのアイデアを子どもたちに考えてもらいましょう。

テクニック　ポジティブセルフトーク

効果	特定のフレーズを自分に言い聞かせることで、自分を元気づけたり、気持ちを高揚させることができる。
使い方	自分でフレーズを作り、イラッとしたり、頭にきたときに唱える。

イラッときたら、すぐに大声を出してしまう自分を否定しないでください。これからは、イラッときたとき自分を元気づけたり、勇気づけたりする言葉を唱えましょう。

「私は子どもに好かれる保育者」「私は優しい保育者」「子どもたちは私が大好き」と、自分自身がポジティブな気持ちになることで、怒りの感情に振り回されることがなくなります。元気メッセージ、プラス思考メッセージを自分に送ってみましょう。

⚫ 適切な対応例

おしゃべりをしている子どもにイラッときたら、ポジティブセルフトーク「私は優しい保育者」「怒りを上手に扱う保育者」と唱えることで、落ち着くことができた。そして、たい君とげん君のそばに行き、目線を合わせてこう言った。

「今は大切な遠足の約束について話をしているよ。先生は、2人にも静かに話を聞いてもらいたいんだけど、どうしたら話が聞けるようになるかな?」

2人は「おしゃべりはあとにする」と言い、最後まで静かに話を聞くことができた。

5歳児

友だちの物を隠す子どもに対して
〔エクスターナライジング〕

　戸外遊びから帰ってくると、けんちゃんの上靴がなくなっていた。「トイレに脱ぎっぱなしにしてるんじゃないの」と見に行かせたが、見当たらない。
　この中で隠しそうなのは、けんちゃんとよくケンカをしているてっちゃん。
　クラスで話し合い「上靴をみんなで探そう。見つかるまで給食は食べられないからね」と捜索を開始したところ、てっちゃんが「先生あったよ」と持ってきた。「やっぱり」と思うと腹が立ち、「てっちゃん、隠したんでしょ。そんなにすぐに見つかるわけないでしょ」と言ってしまった。

❌ NG対応　子どもの不安な気持ちを受け止めない

　脱ぎっぱなしを責める前に、まずは上靴がなくなったけんちゃんの気持ちを受け止める必要があります。確認もしていないのに「脱ぎっぱなしじゃないの」と決めつけるのもNGですね。しまったはずの上靴がなくなったけんちゃんの

第一次感情は何か。それをクラスの子どもたちに伝えてから探すほうが、子どもたちも真剣に取り組めるでしょう。

意欲のわかない言い方で、無理強いしている

給食が食べられないから仕方なく探してもらっても、嬉しくありません。「けんちゃんのために探してあげよう」と、子どもが意欲的に探すことができる声かけを工夫しましょう。その際、第一次感情を踏まえた「私メッセージ」を使って伝えることが有効です。「〜できたら、〜しよう」と期待がもてる声かけに換えていきましょう。

テクニック エクスターナライジング 対処術テクニック（短期的・意識的）

効果	怒りを視覚化することで、怒りを実感しやすくなり、理解しやすくなる。
使い方	自分の怒りを目の前に想像する。色、形、温度、大きさ、重さ、音、においなど、最後にイメージしたものをごみ箱に捨てる。

怒りは目に見えないため、コントロールすることが難しく、その怒りを手放すことができません。このテクニックを使って自分の怒りを視覚化することで、怒りを手放しやすくしましょう。

● 適切な対応例

まずは、けんちゃんの第一次感情を受け止め「上靴がなくなって悲しいね。困るよね」と言うと、「今日はちゃんと靴箱に片づけたよ」とけんちゃん。

そこで「けんちゃんの上靴がなくなったの。みんなで一緒に探してあげてから、給食を食べよう」と子どもたちに声をかけると、一生懸命探してくれた。

5分もしない間に、「あったよ」とてっちゃんが持ってきた。「やっぱり、てっちゃんが隠したんだ」と思うと腹が立ってきたが、自分の今の怒りを視覚化してみた。「モヤモヤと煙のような霧のようなもの。濃い赤色で前が見えない」。このイメージを手で払いのけると、少し落ち着いた。「てっちゃん、見つけてくれてありがとう。誰が隠したかはわからないけど、先生はこんなことはしてほしくないな」と、私メッセージで伝えることができた。

5歳児

うそをつく子どもに対して〔タイムアウト〕

「私ね、昨日ディズニーランドに行ったんだよ」「お父さん、アメリカ人なの」など、平気でうそをつく光ちゃん。「先生。私、明日保育園やめるよ」と、今日もうそをついた。うそをつくのはよくないので、「光ちゃん、保育園やめるのってうそだよね。お母さんはそんなこと言ってなかったよ。それに、昨日は保育園に来てたのに、ディズニーランドに行けるわけないでしょ」と光ちゃんの言ったことを訂正すると、周りにいた子どもが「えー、光ちゃんうそつきじゃん」と言い始め、光ちゃんは「うそじゃないもん、ほんとだもん」と泣き出してしまった。

✕ NG対応　子どもの願望や気持ちを受け止めていない

子どもは、自分の願望を本当に経験したかのように話すことがあります。それは、「自分もそうなりたい」「こうだったらいいのにな」という思いです。「うそをつく子」と片づけるのではなく、その気持ちを受け止める心の余裕をもち

たいですね。

❌ NG対応 自分の「べき」を押し付けている

「うそをつくべきではない」と思っている自分の価値観を正当化して、光ちゃんを責めています。保育者の様子を見て、周りにいた子どもたちが光ちゃんを責めるのも仕方ありません。「べき」は自分にとって正解でも、他人にとっても正解とは限りません。特に、子どもが相手の場合は、大人の「べき」を無理強いしないほうが良いこともあります。

テクニック タイムアウト 対処術テクニック（短期的・行動的）

イラッときたり我慢ができそうにないと感じたときは、その場を離れることをおすすめします。怒りがエスカレートして自分でコントロールできなくなる状態を防ぐために、いったんその場を離れ、仕切り直すテクニックです。せっかくその場を離れているのに、怒りを増幅させないでください。ストレッチをしたり外の景色を眺めて、気持ちをリセットしましょう。

効果	イラッとした自分を仕切り直すテクニック。自分でコントロールできなくなることを防ぎ、怒りをエスカレートさせないために、いったんその場を離れて冷静になる時間をとる。
使い方	一時的にその場を離れるので、何も言わずに立ち去るのはNG。戻ってくる時間を伝えることも大切。 タイムアウト中は怒りを増幅させないよう、リラックスできる状態を保つ。

⭕ 適切な対応例

「先生。私、明日保育園やめるよ」と言う光ちゃん。「また、でたらめを言っている」と思い、イラッときた。そこで、「先生はちょっとトイレ行ってくるから、遊んでいてね」と声をかけてタイムアウト。その場を離れたことで、「そんなにイラッとすることでもない」と思うことができた。

部屋に戻り「先生は光ちゃんが保育園を辞めたらさびしいから、やめないでほしいな」と伝えると、光ちゃんは「わかった。保育園やめるのやめた」と嬉しそうに笑った。

4歳児

保育者に口答えをする子どもに対して
〔呼吸リラクゼーション〕

　砂場で泥んこ遊びをしているとき、スコップで泥を掘り返していたリッ君の泥が、ミーちゃんの頭にかかってしまった。それを見ていた保育者は、ミーちゃんの泥をはらいながら、リッ君に「ミーちゃん、困ってるよ」と言った。するとリッ君は「ミーちゃんがそんなところにいたから悪いんだ。なんで、僕のことだけ怒るんだよ」と口答えをした。そこで「いい加減にしなさい。口答えばっかりして」と、ついどなってしまった。

✕ NG対応　口答えに対して反射的に怒る

　腹の立つ出来事が目の前で起こったとき、待つ時間は6秒間です。リッ君の口答えに対して反射的に言い返すと、怒りの感情がヒートアップします。ゆっくり深呼吸をして、少し冷静になってから次の言葉を言いましょう。

NG対応　何に対して怒っているのかが整理できていない

「いい加減にして」「口答えばっかりして」では、怒られている人は何について怒られているのかがわかりません。

ここでは、ミーちゃんに泥をかけたことに対して怒ろうとしていたはずです。口答えをされたことにカチンときても、「泥をかけてしまったこと」にしぼって伝えるようにしましょう。

テクニック　呼吸リラクゼーション　対処術テクニック（短期的・行動的）

イラッときたとき、すぐに言い返したり仕返ししないために、深呼吸をしましょう。一呼吸おくだけで、落ち着くことができます。

鼻からゆっくりと息を吸っていったん止め、口からゆっくり息を吐きます。2、3回繰り返すことで、穏やかな自分を取り戻すことができます。注意してほしいのは、深呼吸をしながら腹の立った出来事を思い返さないことです。深呼吸することに意識を向けましょう。

効果	その場で深呼吸をするだけなので、とても簡単にできる。深呼吸するだけで冷静になり、落ち着いて次の言動に移ることができる。
使い方	鼻からゆっくり息を吸っていったん止める。口からゆっくりと息を吐くことを2、3回繰り返して行う。

● 適切な対応例

ミーちゃんに泥をかけてしまったリッ君に対して、「ミーちゃんに泥がかかっちゃったね」と、その行動を受け止めた。リッ君は口答えをしてきたが、呼吸リラクゼーションのテクニックで冷静になることができた。そして「ミーちゃんがそんなところにいたから悪いんだって思っているんだね」と、もう一度その言葉を受け止めると、リッ君は「そう」と答えた。

その後、「リッ君は、泥をかけたことは悪かったなって思ってるんだよね。そんなときは、『ごめんね』って言ってみたらいいと思うんだけど、どうかな？」と私メッセージで伝えると、「ミーちゃん、ごめん」と謝ることができた。

4歳児

噛みつきをする子どもに対して〔6秒ルール〕

　給食後、手洗い場で大きな泣き声が聞こえてきた。急いで駆けつけると、はなちゃんの腕にくっきりと歯形がついている。
　「誰に噛まれたの？」と聞きながら流水で冷やしたが、かなり充血している。そばにいたゆう君が、「ごめんなさい、ごめんなさい」と何度も謝っている。
　「4歳にもなってお友だちを噛む人は、赤ちゃん組に戻りなさい。赤ちゃんの先生に、どうして噛んだらいけないのか教えてもらいなさい。もう知らないよ」と言い赤ちゃん組に連れていこうとすると、「嫌だ。嫌だ」と大暴れして、手に負えなくなった。

❌ NG対応　謝っている行動を認めない

　4歳児の噛みつきは確かに問題ですが、「ごめんなさい」と謝っているゆう君の行動をまずは受け止めることが必要です。「悪いと思っているんだね」の一言を伝えましょう。その後で、これからどうしたらよいのかを一緒に考えましょう。

❌ NG対応　怒る理由を具体的に伝えず、お仕置き的な対応をしている

　赤ちゃん組に連れていくことで、問題を丸投げしています。連れてこられた赤ちゃん組の先生も大変ですよね。なぜ4歳児の噛みつきがダメなのか、信頼関係のある保育者が伝えるほうが、子どもには伝わるでしょう。

　「もう知らないよ」と言われた子どもは、一番身近な担任に見放されたと感じるかもしれません。悪いことをしたら赤ちゃん組へ連れていくというお仕置き的な対応はやめましょう。

テクニック　6秒ルール　対処術テクニック（短期的・行動的）

効果	怒りの感情がピークに達するまでの6秒間に反射しないためのテクニック。
使い方	手のひらに、腹が立った出来事を書いてみる。実際に指で書くことで、気持ちを逸らせることができる。太ももや机に書いてもOK。

　怒りの感情がピークに達するまでの時間は6秒間です。イラッときたときにすぐに言い返したり仕返ししないために、6秒間やり過ごしましょう。そのために、腹が立った出来事を手のひらに書いてみることです。実際に指を動かして書き、刺激を与えることで、意識を逸らせることができます。

⭕ 適切な対応例

　噛みつかれたはなちゃんの腕を右手で冷やしながら、「4歳児にもなって噛みつくなんて」と怒りがヒートアップしてきたので、左手で自分の太ももに「ゆう君がはなちゃんに噛みついた件」と指で書いてみた。「きっと6秒はやり過ごせているな」と思うと、落ち着いてきた。

　「ゆう君、はなちゃんのこと噛んだことを悪いと思っているんだね」と言うと、「はなちゃん、ごめん。もう絶対噛まないよ」とゆう君。

　謝ったことを褒めた後、噛んだ理由も聞くことができた。はなちゃんが、ふざけてゆう君の歯ブラシを取って投げてしまったことが原因だった。頭ごなしに怒らずによかったと思う。

3歳児

トイレに行かない子どもに対して
〔ストップシンキング〕

　散歩に行く前に、トイレに行くように伝えていたにもかかわらず、散歩に出かける寸前に「先生、海くんがおしっこ出るんだって」と、しっかり者の恵美ちゃんが伝えに来た。「誰がおしっこだって?」と言うと、「僕…」と下を向く海くん。
　「お散歩に行く前にちゃんとおしっこ行ってって言ったよね」と、大きな声を出してしまった。その声にビックリして、海くんはもらしてしまい、出発が遅くなった。

❌ NG対応 疑問形で、怒っていることを強調する

　保育者は「誰がおしっこに行きたいと言っているのか」と知りたいわけではありません。散歩の前に排泄を促したのに、それに従っていなかったことに対する驚き、予定どおりに散歩に出発できそうにない不満から、怒りの感情が湧き起こっています。自分の怒りを強調するのではなく、トイレに行かなかった事実に対してどう思ったのかを私メッセージで伝えましょう。

❌ NG対応 自分の怒りを吐き出している

　感情をコントロールできないと、自分の中に湧き起こった怒りを吐き出そうとします。そのため、自分より弱い子どもに大声で攻撃することで、自分はスッキリしたつもりになるのです。

　でも、大声でどなっても、スッキリするのはその場限りで、関係性を壊す原因になり、イライラが募ってしまいます。なぜ怒っているのかを子どもに伝わりやすい言葉で具体的に伝えましょう。

テクニック ストップシンキング 対処術テクニック（短期的・行動的）

効果	衝動的に言動せず、怒りに対する反応を遅らせることができる。
使い方	怒りの感情が生まれそうになったとき、その直前に「ストップ」と自分自身に呼びかける。

　腹の立つことが起こったとき、頭の中をさまざまな思いが駆けめぐります。自分がどれだけ腹が立っているかの理由を思い描くことで、怒りがヒートアップするほうに意識が向いてしまいます。そうなる前に怒りの元になる意味づけや思考をストップするためのテクニックです。

　怒りの感情が湧き起こりそうになったとき、自分自身に「ストップ」と呼びかけて、頭の中を空っぽにしましょう。頭を真っ白にすることで、衝動的な言動がなくなります。

⭕ 適切な対応例

　海くんのおしっこ騒動が起こったとき、「ストップ」と思考を停止した。6秒ほど頭を白紙にしたことで、気持ちも落ち着いた。そして、「恵美ちゃん、教えてくれてありがとう。海くんが困っていたのによく気づいてくれたね」と、優しい気持ちを褒めてあげることができた。海くんが今にももれそうな顔をしていたので、補助の先生にトイレに連れて行ってもらった。

　海くんが排泄を終わらせて戻ってきたとき、「おしっこ間に合ってよかったね。途中でトイレに行っちゃうと、お友だちに待ってもらわないといけないし、海くんも困っちゃうから、今度は散歩に行く前に行っておこうね」と、未来志向で話ができた。

3歳児

しつこい子どもに対して
〔グラウンディング〕

　参観日の後、母親が仕事に行ってしまった理恵ちゃん。友だちが連れて帰ってもらうのを見て「お母さんのバカ。お昼迎えがいいよー」と泣き叫んでいる。
　保育者が「理恵ちゃん、あっちで先生と遊ぼう」と言うと、「なんで私は連れて帰ってもらえないの?」と言い続ける。あまりにしつこいので「お母さんにお昼迎えがいいってお願いしなさい」と言うと、「お母さんに言ってもしてくれないもん」と、また泣き始めてしまった。「参観日の後くらい連れて帰ってあげればいいのに」と、保護者に対しても腹が立った。

❌ NG対応　子どもの行動の裏にある気持ちを考えない

　理恵ちゃんが「なんで」と繰り返すのは、答えが聞きたいわけではなく自分のさみしい気持ちを受け止めてほしいのではないでしょうか。しつこく同じことをする子どもの行動の裏側に隠れている気持ちに気づくことが大切です。

NG対応 イライラの矛先を保護者に向ける

怒りは矛先を固定しないという性質があります。ここでは、保育者のイライラの矛先が保護者に向いたようです。でも、子どもをおいて仕事に行かなければならない保護者もつらいのではないでしょうか。

保育者は、保護者のサポート役として子どもの不安を取り除き、安心して迎えを待つ環境づくりに力を入れなければなりません。理恵ちゃんの気持ちを一番に考えて寄り添いましょう。

テクニック グラウンディング　対処術テクニック（短期的・行動的）

効果	目の前の「何か」に集中することで、持続する怒りから解放されたり、怒りを大きくしなくてすむ。
使い方	目の前にある「何か」に意識を集中させて観察し、色や形などの特徴を見つける。過去や未来ではなく、今に意識を向ける。

怒っているとき、頭の中ではさまざまな思考が飛び交います。今この瞬間に意識を向けると、怒りの感情に振り回されず、目の前の対応に集中できます。

グラウンディングによって、目の前にある「何か」に目を向けて「色は、形は、材質は」と、意識を集中して観察することで、過去の出来事に怒りを感じたり、未来に不安を抱いてイライラすることがなくなります。

● 適切な対応例

母親が仕事に行ったことで不安になり、さみしい気持ちを保育者にぶつけてくる理恵ちゃん。泣き続ける様子に腹が立ったが、今は目の前にいる理恵ちゃんに意識を集中させた。

さみしそうに泣き、髪の毛が涙で濡れている。保育者にしがみつく手が震えている。

そんな理恵ちゃんを観察していると、悲しい気持ちがひしひしと伝わってきた。「連れて帰ってもらいたかったね。さみしいね」「先生も理恵ちゃんと一緒にお昼寝するから、お母さんが来るまで待っていようね」と伝えると泣き止み、お昼寝の準備を始めることができた。

2歳児

おねしょを黙っていた子どもに対して
〔スケールテクニック〕

　時々、午睡時におねしょをするたくちゃん。午睡前に布団を敷いていると、ちょっとくさい。何がくさいのか確認すると、たくちゃんの布団が湿っていた。おねしょをしたのに保育者に言わず、布団をしまったに違いない。
　イライラして、昨日布団を片づけた副担任に「なんで布団を確認してしまわなかったの」と注意し、たくちゃんに「今日は寝るお布団ないよ」と怒ってしまった。

❌ NG対応　レッテルを貼って決めつけた見方をしている

　おねしょが多いとしても、決めつけた見方をすると、冷静に判断できなくなります。隣の子どもがおねしょをして、一緒に濡れてしまい、気づかずに布団をしまった可能性もあります。
　それを確認する前に決めつけた見方で怒りを増幅させるのはやめましょう。

108

NG対応　注意ではなく文句を言っている

「なんで布団を確認してしまわなかったの」は、注意ではなく文句です。「毎回おねしょをしていないか確認してしまってください」と言いましょう。

そのときは、「なんで」という原因探しの言葉で責めるのではなく、同じ問題が起こらないためにはどう行動すればよいのかを具体的に伝えます。

テクニック　スケールテクニック　対処術テクニック（短期的・意識的）

効果	怒りは幅広い感情で、段階があり、普段感じている怒りに温度をつけることで整理できるようになる。
使い方	怒りを感じるごとに温度をつける。0が穏やかな状態で、10が人生最大の怒りとする。自分の怒りやすい出来事が整理できたら、衝動的にならないための対処策を用意する。

イラッときたことに温度をつけて、反射的に怒らずにすむテクニックです。「副担任が布団を確認しない」「濡れた布団をそのまま片づける」。これらの出来事は自分にとって何度かを考えていきます。

0が穏やかな状態、10が最大値と位置づけ、その出来事が自分にとってどれくらい腹の立つことかを数値化します。毎回腹が立つたびに温度をつけることで怒りを整理し、「怒る」「怒らない」の行動を決めます。

● 適切な対応例

「副担任が布団を確認しない」はイラッと7。これは注意すべきことだと思うので、「次からは、布団を必ず確認してから片づけるようにしてね。私も気をつけるようにするからね」と、冷静に未来志向で伝えることができた。副担任も「すみません。気をつけます」と素直に謝ってくれた。

「濡れた布団をそのまま片づける」は、以前別の子が同じことをしたときはイラッと2程度だった。今回も、温度は同じなのでイラッと2。怒るほどのことでもないし、昨日のことなので仕方がない。たくちゃんに布団のことを聞いてみると、隣の友だちの布団が漏れていたのが染みてきたことに気づかなかったようだ。決めつけで怒らずにすんでよかった。

2歳児

友だちにおもちゃを貸さない子どもに対して
〔ガーディアンエンジェル〕

　車が大好きなあっ君がミニカーで遊んでいると、よっちゃんが「いっこ、かーしーて」と言いに来たのに、「ダメ」と言って貸してあげない。「10個以上持っているミニカーを貸してあげられないのか」とイラッとしたので、「あっ君、いっこ貸してあげたら？」と聞いてみるが、頑として譲らない。

　「お外で遊んでいるときも、砂場の車を独り占めしてたでしょ。そんなことする子には、保育園のおもちゃは貸してあげません」と、あっ君のミニカーを取り上げてよっちゃんに渡すと、あっ君が泣き出してしまった。

❌ NG対応　関係ないことを持ち出して怒っている

　ミニカーを貸してあげてほしいことを伝えたいはずなのに、砂場での出来事を持ち出して一緒に怒っています。

　「叱る目的は何か」を自分自身で整理できていることが大切です。叱るときは、

言いたいことを1つに絞って伝えます。

❌ NG対応 子どもの仲立ちではなく、無理強いになっている

　子どもがけんかをしていると、保育者が仲立ちをして仲裁するのはよくある光景です。しかしこの対応は仲立ちではなく、ミニカーを無理に取り上げているだけです。

　いつも独り占めしているという思い込みに対して、自分の苛立ちを子どもにぶつけてしまったのでしょう。仲立ちは、両者の気持ちに寄り添って、お互いに良い方向に進む解決策を探すことを大切にします。

テクニック　ガーディアンエンジェル　対処術テクニック（短期的・行動的）

効果	天使のささやきにより、自分が勇気づけられるイメージをもつテクニック。自分を守ってくれている存在を身近に感じることで、勇気が出たり心強さを実感できる。第三者的な目線をもつトレーニングにもなる。
使い方	コーピングマントラ、ポジティブセルフトークは、自分に向けてメッセージを送るイメージ。ガーディアンエンジェルは、天使が自分にメッセージを送ってくれていることをイメージする。

　自分を勇気づけたり安心させるメッセージを送ってくれる天使をイメージします。自分を守る存在を身近に感じることで、失敗しそうだったり、くじけそうだったりすることも、前向きにがんばる心強さを実感できます。

⭕ 適切な対応例

　「あっ君がミニカーを貸してあげたくないって泣いてる。でも、ここで反射しない」と思い直し、イラッとしやすい自分にささやいてくれる天使の声に耳を傾けた。「大丈夫、落ち着いてあっ君の気持ちに寄り添うことができるはず」と天使が勇気づけてくれて、少しほっとした。

　「あっ君、ミニカー好きなんだよね。どのミニカーが一番好きなの？」と遊びたい気持ちをしっかりと受け止めたことで、よっちゃんにミニカーを1つ貸してあげることができた。

1歳児

苦手な野菜を食べようとしない子どもに対して〔コーピングマントラ〕

　高月齢児のさきちゃん。好き嫌いが多く、特にトマトが大嫌い。少しでも食べさせようとすると、口をギュッと閉じて開こうとしない。「さきちゃん、デザートのバナナがあるよ」と、励みのバナナを目の前に置くと、バナナだけ先に食べてしまった。
　好きなものしか食べないさきちゃんにイラッとして、「ちゃんと食べなさい。これを食べるまで、ごちそうさまできないよ」と、他の子どもが食べ終わっても、座らせたままにした。

❌ NG対応　いつバナナを食べていいのかを伝えていない

　1歳児の目の前に、嫌いなトマトと大好きなバナナがあれば、迷わずバナナを食べるでしょう。「デザートのバナナがあるよ」と保育者に言われたさきちゃんが、先にバナナを食べてしまうのは仕方ありません。

ここでは、トマトを先に食べてほしいという保育者の思いを「がんばってトマトを食べたら、バナナを食べていいよ」と具体的に伝えなければなりません。

❌ NG対応　曖昧な言葉を使っている

　「ちゃんと」「しっかり」など、曖昧な言葉を使わないようにしましょう。さきちゃんなりに「ちゃんと」食べようとしているのかもしれません。
　「ちゃんと」「しっかり」の程度は人それぞれです。「先生が半分にしてあげるから、これを大きなお口でモグモグ食べてみよう」と具体的に伝えることはできます。「このトマトとこっちのトマト、どっちか1つでいいからがんばって食べてみよう」と選ばせてあげるのもよいかもしれませんね。

テクニック　コーピングマントラ　対処術テクニック（短期的・行動的）

効果	特定のフレーズを自分に言い聞かせることで、気分を落ち着かせたり、客観的になることができる。
使い方	自分のお気に入りのフレーズを作っておいて、イラッとしたときや怒ってしまいそうなときに唱えることで、自分を落ち着かせる。 例）まぁ、いっか。OK、OK。リラックス、リラックス。

　励みになるバナナを使って、苦手なものを克服できるようにがんばっているからこそ、裏切られた気持ちがしてイラッとしたのかもしれません。
　そんなときは、コーピングマントラを唱えます。自分の大好きなキャラクター、大好きな人、大好きな食べ物、お気に入りの場所、落ち着くフレーズなど、自分が冷静になれる呪文を考えておき、イラッとしたときに唱えることで落ち着くことができます。

⭕ 適切な対応例

　嫌いなトマトを食べず、バナナを食べてしまったことにカチンときたが、「大丈夫、大丈夫。笑って、笑って」と心の中でつぶやくと、少し落ち着いた。
　そして、「バナナおいしかった？　でも先生はトマトを食べてほしかったな。トマトを半分にしてあげるからがんばってみよう」と笑って声をかけると、嫌々ながらも食べることができた。そのことを褒めると、満足そうにしていた。◆

１歳児

寝つきが悪い子どもに対して
〔サクセスログ〕

　慣らし保育も終わり、園に慣れてきたものの、午睡の寝つきが悪い京ちゃん。すぐに目を覚まして大きな声で泣くので、他の子どもたちも起きてしまう。保育者が交代で抱き、寝かしつけるものの、すぐに起きてしまうことに、いい加減疲れてきた。
　午睡中に連絡帳や打ち合わせを終わらせたいのに、時間が作れない。「なんで、保育園に入れる前にお昼寝の習慣をつけておかなかったのか」と、保護者に対して不信感が募る。

❌ NG対応　できていないことばかりに意識が向いている

　午睡時間が伸びなくても、午前中の保育は安定して過ごせている京ちゃん。保育者の希望としては、午睡の時間に仕事をしたいので、寝てくれない京ちゃんに苛立ちを感じるのも仕方ないかもしれません。
　でも、どんなにイライラしても寝ないことは変わりません。そこで、少しで

もできていること、うまくいっていることに目を向けて、温かい気持ちで京ちゃんの成長を見守っていきましょう。

❌ NG対応 他の子どもたちへの配慮が不足している

部屋と保育者に余裕があるのなら、京ちゃんが落ち着ける環境を作って寝かせることで、他の子どもたちも過ごしやすい状態になるのではないでしょうか。

別室で保育することで、眠れない日があっても、他の子どもを起こすことはありません。子どもの状態に合わせて柔軟に対応しましょう。

テクニック サクセスログ 対処術テクニック（短期的・意識的）

効果	自分ができたことやうまくいったことを記録することで「毎日こんなに多くのことができている」と自信をもち、自己肯定感が高まる。
使い方	成功体験や達成できたことをメモしておく。その日できたことやうまくいったことなど、どんな小さなことや些細なことでもかまわない。 例）朝、時間どおりに起きることができた。笑顔であいさつができた。週案を月曜日に提出できた。など。

サクセスログは、成功体験メモです。自分ができたことやうまくいったことを記録することで、「毎日こんなに多くのことができている」と自信をもつことができます。

⬤ 適切な対応例

京ちゃんは寝つきが悪く、午睡時間が短い。でも、今日は25分も寝ることができた。毎日、他の子どもたちの睡眠を邪魔しないために、別室を借りて寝かせることで、京ちゃんも落ち着いている。起きても機嫌よく、遊んでいる。

京ちゃんをそばで遊ばせながら、連絡帳を書くこともできるようになった。これも、サクセスログで自分自身のうまくいったこと、京ちゃんができるようになったことを細かく記録したおかげだ。

0歳児

友だちにけがをさせる子どもに対して
〔イメージリラクゼーション〕

　好奇心旺盛で元気いっぱいのそうちゃん。ハイハイしながら、いろいろなところへ動き回る。そうちゃんのママは忙しく、爪が伸びていることも多い。そのため、他の子どもの顔や手に傷をつけることもしばしば。
　今日は、特にケガに敏感な保護者の子ども、ナナちゃんの顔をひっかいてしまった。そうちゃんママのせいで、私が怒られちゃうじゃない。ホントに勘弁してほしい。迎えのときに、そうちゃんママに「爪くらい切ってあげてください」と言ったことで、園に苦情が来てしまった。

❌ NG対応　自分の怒りの原因を母親のせいにしている

　この保育者は、「親は保育者に言われたことは聞くべき」「爪は切ってくるべき」という、自分の「べき」に対して、思いどおりにならない現実にイラッとしているのです。

 **状況を説明せず、自分の要望だけ伝えている**

　相手に何かを伝えるときには「具体的に」伝えます。お迎えに来たママの顔を見た瞬間、溜まった感情を吐き出してしまうと、相手にも怒りの感情が湧いてきます。持続性のある怒りのタイプの人は、「あのとき、あの子がこうしていたら」と頭の中で繰り返し怒っているのかもしれません。

　これでは、いつまでも気持ちを切り替えることができません。今後どうしてほしいのかを受け入れてもらえる言葉で伝えていきましょう。

テクニック　イメージリラクゼーション　対処術テクニック（短期的・意識的）

効果	リラックスできる場面をイメージすることで心を落ち着かせ、その状態を維持することで気持ちをリセットすることができる。
使い方	登山時、頂上から見た雄大な景色を眺めているときの清々しさ、疲れた身体をマッサージしてもらっている心地よさなど、リラックスできる体験をイメージする。

　子どもたちとかかわる保育者がイライラの発信源にならないようにしましょう。イライラしていると感じたときは、リラックスできる場面をイメージして維持させることで、イライラをリセットすることができます。今まで自分が経験した中でリラックスできた、自身の体験に基づくイメージが効果的です。

適切な対応例

　爪を切るようお願いしていたものの、今朝確認ができていなかったため、ナナちゃんの顔に傷がついてしまった。そうちゃんママがお迎えに来たとき、再度爪を切ってもらうようお願いしようと思った。ママを責めずに話ができるよう、自分の大好きなショートケーキを食べた後の幸せな気持ちをイメージして、自分をリラックスさせた。

　おかげで「園でもケガのないように今後気をつけますので、お母さんも協力していただけますか」と穏やかに伝えることができ、「わかりました」と言ってもらえた。登園時に保護者が爪を切れるよう、爪切りを貸出せるようにした。

0歳児

日常的にイライラしている自分に対して〔変化ログ〕

　おむつ交換の時間に、大ちゃんのおむつを替えようとカバーをはずした途端、おしっこが飛び出してエプロンにかかってしまった。「えー、もうやめてよ」と、思わず大ちゃんのお尻をペチンと叩いてしまった。こんなハプニングもあるとはわかっているが、今日は着替えがなかったのでかなり腹が立った。

　その日は1日中、服がおしっこくさいし気持ち悪いしで、イライラしながら過ごす自分にさらにイライラしてしまう。私は本当にダメな保育者だと思う。

❌ NG対応　反射的に子どもを叩いている

　子どものおむつ交換時には、おしっこがかかることもありますね。びっくりすることではありますが、子どものお尻を叩くほどのことではありません。3歳未満児であれば、衣服が汚れることがあることを考慮して、着替えを常備しておきましょう。無駄にイライラすることがなくなります。

❌ NG対応 自分のことをダメな保育者だと思っている

イライラするのは自然な感情なので、仕方のないことです。今は上手に怒りを扱えていないだけです。

イライラしたときにどう行動するのか、より良い選択ができるようにトレーニングしましょう。今の状態を変えていくために、目標を決めて行動してみませんか。

テクニック 変化ログ 対処術テクニック（短期的・意識的）

効果	変わりたいと思っても行動に移せないとき、目標を設定して方法を具体化することで、行動できるようになる。小さな目標を立てることで達成感を味わい、成功体験を積むことができる。
使い方	「自分が作ろうとしている変化→変化を作るために必要で現実的な行動」を記録する。大きな変化を目標にすると、ステップが具体化できず、行動に移せない。小さな目標、達成しやすい目標の設定を意識する。

今の自分を変えられるのは自分だけです。今後、どんな自分を作っていきたいのかという変化と、その変化を作るために必要なステップを考えてみましょう。変わりたいと思っているのに行動に移せないとき、明確な目標や具体的なステップを書き出すことで、前に踏み出しやすくなります。小さな一歩を積み重ねることを大切にします。

⭕ 適切な対応例

イライラしやすい自分が嫌で、1週間ほど変化ログをつけていた。
・朝、笑顔であいさつする→仲のいい同僚から始めることで、笑顔であいさつすることに慣れる。
・イライラしても反射しない→呼吸リラクゼーションで自分を落ち着かせる。
・このように、なりたい自分をイメージして近づけるようトレーニングした。

今日は、大ちゃんのおむつを外したときにおしっこをかけられたが、心に余裕があり、イラッとせずに済んだ。すぐに着替えに行き、その後も穏やかに1日過ごすことができた。

第 **5** 章

他者の「怒り」との向き合い方

ここまで、自分自身の怒りに対するコントロール術を紹介してきました。
本章では、同僚や子ども、保護者ら他者の「怒り」に対して
どのように向き合えばよいのかを、
事例を交えながら考えます。

理不尽な怒りから自分を守る

怒りが充満している職場

　あなたは、他者から理不尽な怒りを受けたことはありませんか。どんなに考えても自分は悪くないのに、なぜか怒られてしまったという経験です。怒りには、矛先を変えて八つ当たりをする性質があります。あなたが受けたその怒りは、どこか別のところからやってきた怒りだったのかもしれません。

　保育者は、さまざまな人間関係の中で仕事をしています。人間関係が多ければ多いほど、八つ当たりされる確率も上がります。園長や先輩保育者、保護者など、怒りはあらゆる方向からぶつけられるでしょう。アンガーマネジメントを知らない保育者は、ぶつけられた怒りを自分より弱い立場の保育者や子どもをはけ口にして怒りをぶつけるのです。

　また、怒りが充満している職場は、皆がイライラしながら仕事をしています。怒りが伝染することで、楽しい保育ができない、元気がない、ストレスが溜まる、疲れやすくなるなど、心と体はその影響を受けてしまいます。これでは、いつまでたっても怒りの連鎖から解放されません。

　たとえ理不尽だと思う怒りをぶつけられても、その出来事にうまく対応することができれば、自分の心と体を守ることができます。では、どのように対応すればよいのかを考えていきましょう。

怒っている人の第一次感情に目を向ける

　怒っている人のことをよく観察してみましょう。怒っている人は、自分の第

一次感情を言っていることが多いようです。自分がどんなにつらかったのか、情けなかったのか、困ったのかを、怒りながら語ります。

　例えば、発熱した子どもの母親に連絡したとき、「先生、その程度の熱で電話してこないでください。それくらい、園で見てくれたっていいじゃないですか。私だって、休めるものなら休みたいけど、職場の皆にいろいろと言われるのが嫌なんです。園でもう少し預かってもらわなきゃ困ります」と電話口でどなられたとします。

　こんなとき、あなたはどう思いますか。「熱があるから電話したのに、なぜ私がどなられなきゃいけないのよ」と腹を立てますか？　37度5分以上の熱があるときは保護者に連絡することに決まっているから電話したので、「その程度の熱」ではありません。それなのにどなられるなんて筋違いだし、理不尽です。ここで母親の怒りを正面から受けてしまうと、保育者もストレスが溜まり、怒りがこみ上げてしまいます。

　こんなときは、怒っている人が話している内容に耳を傾けましょう。母親は、「休みたいのに休めないつらさ」「皆に言われるのが嫌」「預かってもらわなきゃ困る」と、自分の第一次感情を語っています。

　その第一次感情に寄り添った対応は、相手の心のコップの水を減らすことにつながります。理不尽な怒りを継続的に受けないためにも、怒っている人の様子を観察するとともに、日頃から第一次感情に寄り添ったかかわりをすることが、爆発の予防につながります。

怒っている人の「べき」に目を向ける

　「べき」をたくさんもっている人は、しょっ中「べき」を裏切られることが起こります。そのため、理想と現実のギャップにイライラするのです。自分の思いどおりにならないことばかりだと、怒りがこみ上げてくることだってあるでしょう。「べき」が多い人は、「普通はそんなことしない」「それってあり得ない」と、自分の「べき」以外の「べき」を認めようとしない傾向にあります。

　もし、理不尽な怒りをぶつけられたら、あなたの行動が相手の「べき」に反しているのかもしれません。でも、相手の「べき」に目を向けず、自分の「べき」を押しとおそうとしても、何の解決にもなりません。お互いの関係は悪くなる一方です。

相手の怒りを炎上させないためには、相手の「べき」を知ることが必要です。つまり、相手を観察するのです。どんな「べき」を裏切られたから怒っているのか、譲れない「べき」は何かを見つける努力をしましょう。そしてその「べき」は、あなたにとって譲れることか譲れないことかを判断します。

　たとえ譲れない「べき」だったとしても、相手との関係を切ることができないのであれば、「そういう人もいるのかな」「そういう考え方もあるのかな」「そういう場合もあるのかな」と思うようにしましょう。

　自分以外の誰かを変えることはできないので、まずは自分の気持ちのもち方を変えることから始めます。そして、「あなたは○○であるべきだと思っているんですね」と、相手の「べき」を受け止めます。

　前述の例でいうと、「その程度の熱で電話してくるべきではない」「その程度の熱なら園で保育するべきだ」が、母親の「べき」です。保育者が「発熱時は迎えに来るべきだ」と主張すると、母親の怒りはより強くなってしまいます。

　「べき」をたくさんもっている人は、第一次感情も溜まりやすいです。「べき」を裏切られるたびに、つらくなったり、さみしくなったり、困ったりするので、心のコップは常にいっぱいです。だから、怒りをまき散らすしかありません。アンガーマネジメントをうまく活用することで、相手の「べき」を許容できる心づくりをしていきましょう。

相手の怒りでダメージを受けない

　怒ることで物事を解決しようとする人は、「怒るとうまくいく」と思っています。相手が自分に対して萎縮し、自分の言うとおりにすることで、怒ったことによる成功体験が増えてしまいます。成功体験が増えれば増えるほど、怒ればうまくいくと思い込んでしまいます。でも、うまくいっていると思っているのは本人だけ。周りにとっては大迷惑ですね。

　怒りをぶつけられてダメージを受けると、相手の怒りだけに意識が向いてしまいます。ぶつけられた怒りに耐えられず相手の言うことを聞くのは、許容することとは違います。怒りのダメージを受けず、相手の「第一次感情」や「べき」を観察し対応することが、相手を許容することです。

　怒っている人の怒りにダメージを受けないためには、相手の怒りに飲み込まれないようにすることが大切です。そのためには、あなた自身が「相手の怒り

を跳ね返すことができる」というイメージをもつことです。相手が理不尽な怒りをぶつけてきたとき、押し倒されないよう地に足をつけ、重心がぶれないよう踏ん張りましょう。どこから怒りの矛先が飛んできても「跳ね返すことができる」くらいの気持ちをもってください。そして、相手の怒りに注目するのではなく、怒りで何を伝えようとしているかに注目することで、自分が悪いわけではないということが見えてくるかもしれません。

アンガーマネジメントを実践できれば、相手の怒りによる打撃で自分の心にダメージを与えることなく、対応することが可能になります。さまざまなテクニックを使い、怒りを上手に扱う保育者になりましょう。

怒りにくい頭づくり

怒りをうまく扱えていない保育者が、日々のトレーニングとしてアンガーマネジメントを続けていくことで、怒りにくい頭づくりが可能になります。紹介するのは、怒りにくい頭づくりのための体質改善プログラムです。

イラッとしたときにすぐにできる対処術テクニックで、衝動をコントロールしつつ、体質改善プログラムで心のコップを大きくしましょう。

保育者の怒りのタイプ別に、取り組みやすいトレーニング方法を紹介していますが、自分ができそうだと思うもの、気に入ったものを試してください。

そして事例ごとに、相手の「第一次感情」と「べき」を探す練習をしてみましょう。この作業は、実際の保育にも役立ちます。トレーニングを続けることで期待できる効果についても紹介しているので、参考にしてくださいね。

でも、事例どおりすべてがうまくいくわけではありません。できることから始めればいいのです。うまくいかなくて失敗してもかまいません。続けようと思う気持ちが感情のコントロールにつながります。

最初は、うまくいかないことにストレスを感じるかもしれません。でも、今までしていなかったことを始めると、誰もがストレスを感じるものです。今まで自分が当たり前だと思っていた行動や考え方を変えていくことは、簡単ではありませんし、自分だけが我慢していると感じるかもしれません。でもそれは、一時のことで、乗り越えれば必ず楽になります。「自分を変えるのは自分」というチャレンジ精神で取り組んでみませんか。

> 対保護者

持続性の高い怒りタイプの保育者

> 事例

　発表会の劇の配役が決まり、本格的に練習が始まった。子どもたちも、自分の役を演じることを楽しんでいる。
　本番の1週間前、保護者宛に発表会だよりを出したところ、みきちゃんの母親が「何でうちの子が主役じゃないの？　配役を変えてちょうだい！」と文句を言ってきた。
　配役については子どもたちと相談し、自分で選んだ役を演じているのに、「今さら変えろなんて、意味がわからない」と、腹が立った。みきちゃんのせいではないとわかっているが、あのやりとりを思い出し、劇の練習のたびにイライラしてしまう。

❌ NG対応 思い出し怒りをして、イライラしている

　持続性の高い怒りのタイプは、腹が立った出来事をいつまでも覚えていて、ことあるごとに思い出し、イライラしてしまいます。保育者がイライラしていると、子どもたちも落ち着きません。まずは、テクニックを使い、リラックスできる状態をつくりましょう。そして、自分の怒りを客観的に見つめるためのトレーニングをしていきましょう。

| おすすめトレーニング | **3コラムテクニック** 体質改善プログラム（長期的・意識的） |

効果	コアビリーフ（べき）を客観的に見つめることができると同時に、別の見方をすることで、コアビリーフのゆがみを発見できるようになる。
使い方	① 自分が感じた怒りの出来事について書く。 ② 自分のコアビリーフ（べき）を書く。 ③ コアビリーフを別の見方から書き換える。長期的に取り組んでいくと、第三者的な視点で考えられるようになる。

　長期的に取り組むプログラムです。アンガーマネジメントを身につけるトレーニングとして続けてみましょう。自分が怒る原因となるコアビリーフ（べき）をみつけ、そのコアビリーフを「他の見方はないだろうか」と書き換えて客観的になることで、怒らずに対応できる方法を見つけられるようになります。

あなたが感じた怒りの出来事	母親が「配役を変えろ」と文句を言ってきた。
あなたのコアビリーフ（べき）	園で決まったことは受け入れるべき。
他の見方を考える	説明が足りなかったのかもしれない。 母親は、自分の気持ちの伝え方がわからないのかもしれない。 みきちゃんが家で「主役がしたい」と言ったのかもしれない。

● 適切な対応例

　みきちゃんの母親が劇の配役について文句を言ってきたが、配役は変えられない。3コラムテクニックで、「園で決まったことは受け入れるべき」という自分のコアビリーフを書き換えると、「配役を決めた経緯をていねいに説明すれば理解してもらえたかもしれない」「家でみきちゃんが何か言ったのかもしれない」など、別の捉え方ができるようになった。

　そこで、みきちゃんの母親に「劇遊びのことで、みきちゃんは何か不安があると言っていましたか。配役はクラス全員で話し合って、自分がやりたい役になっていますが、お母さんはみきちゃんの気持ちを何かご存知でしょうか」と聞き、配役決定について説明すると、納得してくれた。子どもたちが意欲的に取り組んでいることを伝えると「発表会が楽しみになりました」と言ってもらえた。

対保護者

頻度が高い怒りタイプの保育者

事 例

　年度末は本当にイライラしやすい。卒園に向けた準備と同時に、新年度の準備と、大忙し。集金も早く終わらせたいのに、かんちゃんが持ってこない。お迎え時、母親に「集金はいつ頃持ってきてもらえますか」と聞くと、「最近ちょっと忙しくて、すっかり忘れていたわ。集金袋もどこかにいったかも。新しい袋をもらえますか」と悪気もなく言われ、かなりカチンときた。

　「わかりました」と伝えたが、態度が不愛想だったのか、「先生、感じ悪い。かな恵先生に言えばよかった」と言われてしまい、「何でそんなこと言われなきゃいけないの」。とにかく、いろんなことにイライラしっぱなしだ。

❌ NG対応　自分の忙しさが相手を尊重する態度を奪う

　自分が忙しいこととかんちゃんの母親の態度は関係ありません。忙しさのために、保育者自身も心のコップの水がいっぱいのようです。だから、何に対してもイライラする頻度が高くなっています。

　イライラしていると冷静な判断をしにくく、相手を尊重する対応ができなくなります。そんな状態が続くと、人間関係を壊しかねません。かんちゃんの母親は「かな恵先生はこんな対応をしない」と思うほど、かな恵先生を信頼しているようです。素直に受け止め、かな恵先生の保護者対応を学ぶ気持ちをもてるとよいですね。

おすすめトレーニング **プレイロール** 体質改善プログラム（長期的・行動的）

効果	理想のキャラクターになりきって、その人を演じてみることで、いつもの自分とは違う対応ができるようになる。
使い方	理想のキャラクターは、尊敬する先輩、テレビ、映画、小説の登場人物など、自分が「この人」と思う人を選ぶ。 その理想のキャラクターだったらどう対応するのか、その人になりきって演じる。演じきれない場合は、理想のキャラクターをていねいに観察するか、別のキャラクターに変更してみる。

　長期的に取り組むプログラムです。イライラしにくい自分を手に入れるために、理想の人を演じることで、その人がするであろう理想の対応ができるようになります。

　ここでは、保育者として尊敬できるかな恵先生を演じてみてはどうでしょう。「かな恵先生なら、こんなときどんな声かけをするだろうか」「どんな表情で対応するだろうか」「問題解決のための方法は何を選ぶだろうか」と、かな恵先生になりきって保護者対応をしていきます。そのためには、かな恵先生の普段の立ち居振る舞いを観察しておくことも大切です。

● 適切な対応例

　年度末は毎年イライラしてしまうが、今日はかんちゃんの母親に集金袋を作ってほしいと頼まれた。彼女はよく集金袋を紛失し、新しいものを依頼しておきながら「見つかったから、新しい袋はいらない」と言ってくる。イラッとしたが、最近はプレイロールを使って理想のキャラクターを演じている。

　「保護者対応がうまいかな恵先生なら、どうするだろうか」と考える。かな恵先生は、いつも穏やかに対応しつつ、こちらのお願いも上手に伝えることができている。かな恵先生のように「お母さん、毎日忙しいから、集金袋探す時間もないですよね。年度末で、新しい集金袋を買ってもすぐに新年度が来てしまいます。今回は、別の封筒を用意しますので、それに入れてきてください。でも、次回からできるだけ失くさないようにお願いします」と伝えた。すると、「ありがとうございます。次からは、絶対失くさないように、すぐに出しますね」と言ってもらえた。イライラしているときは、顔に気持ちが出てしまうが、プレイロールでかな恵先生を演じることで、うまく対応できた。

> 対部下

強度の高い怒りタイプの保育者

> 事例

　新人の京子先生にとって、初のお盆休み。休暇表を作成していると、京子先生がお盆の3日間すべてに休暇希望を出してきた。休みをとらせてあげたいが、3日間は無理なので「お盆休みだけど、3日間連続はあげられそうにないわ」と伝えると、「無理です。友だちも帰省するし、彼氏だってお盆しか休みないし。どうしてもらえないんですか」と、泣き出してしまった。
　ついカッとなり、「自分のことばかり言ってるけど、みんな1日ずつしかとってないのよ。新人が生意気なこと言わないで」と、さらに追い打ちをかけてしまった。

✖ NG対応　怒りをヒートアップさせてしまう

　強度の高い怒りタイプの人は、一度怒ると止まらない傾向があります。事例では、京子先生の怒りに反射し、自分の怒りをヒートアップさせてしまいました。第一次感情がコップいっぱいになっている相手に対して、マイナスな感情を引き起こす言葉を投げかけています。これでは京子先生の怒りはおさまりません。
　このような対応が続くと「保育者を続けていけない」と感じるかもしれません。お互いにとってよい解決策を見つけ出すためには、あなた自身がどう行動すればよいのかを客観的に見つける視点をもてるといいですね。

おすすめトレーニング　ストレスログ　体質改善プログラム（長期的・意識的）

効果	ストレスになっている事柄を客観的に捉え、次の行動が決められる。
使い方	自分のストレスになっている事柄を4つの箱に入れて考える。

　長期的に取り組むプログラムです。自分のストレスを客観的に考えられるようになるトレーニングとして続けてみましょう。このプログラムでは、ストレスを感じた事柄を4つの箱に入れて考えていきます。

● **適切な対応例**

　ストレスログで、自分の行動を客観的に見つめることにした。自分にとって、京子先生の一件は重要。自分が何とか変えてみるとして、入れる箱はA。
・いつ変えるか→京子先生が少し落ち着いたとき。
・どの程度変わればOKか→3日中1日は出勤してもらう。
・変えるためにどう行動するか→休暇表を組み直し、何とか京子先生が2日休めるようにする。
　ストレスログに入れたおかげで客観的に整理でき、強く怒りすぎることもなかった。京子先生にも自分にも、妥協できる案を提案できた。

対部下

攻撃性（他人）のあるタイプの保育者

事例

　1歳児クラスでは、出勤後、保育者が持ち回りでトイレを消毒している。消毒にはマニュアルがあるが、若手の美波先生は、マニュアルに沿っていないし、掃除は雑だし、時間も短い。我慢も限界になり、爆発。「美波先生、なんでマニュアルどおりにできないの。先生のいい加減な掃除のせいで、イライラしてたまらないわ」と責め立てた。

　すると「私は自分のやり方で掃除をしているんです。先生が勝手に『できてない』と思い込んでるだけですよね」と言われた。どうして先輩の私が責められなきゃならないのかと、腹が立った。

❌ NG対応　自分のイライラを相手にぶつけている

　原因は何であれ、自分のイライラを美波先生にぶつけています。目的は、美波先生にていねいに掃除をしてもらうことです。相手に怒りをぶつけても、この問題は解決しません。人にはそれぞれ心地よい手順や習慣があります。その習慣を崩されると、居心地が悪くなるのです。「べき」の違う2人が歩み寄るために、自分が固執している習慣やパターンを崩すことで、新しい解決策が見つかるかもしれません。

おすすめトレーニング ブレイクパターン 体質改善プログラム（長期的・行動的）

効果	自分が無意識に作り出している習慣やパターンを知ることができ、悪循環の状態を脱出するための行動を変えるトレーニングになる。変化に柔軟な対応をとれるようになる。
使い方	一度に多くのことを変えない。いつもと違うことを1つだけすることで、習慣を変えていく。 イラッとしたとき、いつもと違う対応を心がける。

長期的に取り組むプログラムです。自分がはまっている悪循環のパターンを崩すためのトレーニングです。人は、無意識に自分の心地よい習慣をつくり出し、そのとおりに行動することが多いです。そのため、いつもと違う出来事が起こると不安を感じたり、イライラします。

このプログラムでは、自分がはまっているパターンを知る洞察力が身につき、行動を変えるトレーニングを学びます。いつもと違う出来事が起こっても「そんなこともある」と、柔軟に対応できるようになるでしょう。

● 適切な対応例

長年保育者をしていて、自分なりのルールや保育観が確立されているので、若手の保育者がそのルール外の行動をとると腹が立つことが増えてきた。そこで最近、ブレイクパターンで自分の行動を変えるトレーニングをしている。

例えば、朝早く起きていつもと違う出勤路を通る、朝食をパン食からご飯食に変えてみるといった日常のことのほかにも、保育の中で午睡の布団の敷き方や向き、園庭からの入室の仕方、トイレ掃除の順番の入れ換えなどである。

最初は違和感があったが、徐々になくなった。今日は美波先生の掃除が気になったが、イラッとすることもなく「掃除はそれぞれのやり方があるからいいけれど、子どもが直接触る箇所の消毒は特にていねいにしてもらえると助かるわ」と、気をつけてほしいポイントを伝えることができた。

対上司

攻撃性（物）のあるタイプの保育者

事例

　先輩の弘美先生と後輩の美幸先生、私の3人で、2歳児クラスを担当している。弘美先生と美幸先生は仲が悪く、何かと衝突している。

　午睡中、3人で制作活動の準備をしていると「美幸先生、子どもの立場に立って考えなさいよ。そんな切り方だと、子どもが作るときに貼りにくいでしょ」と、弘美先生がダメ出し。美幸先生は「弘美先生だって、そんなに変わらないじゃないですか。文句ばっかり言われると、やる気がなくなるんですけど」とふてくされてしまった。2人とも作業をしようとしない状況に、「いい加減にしてください！」と、使っていたのりと手拭きを2人に投げつけた。

✕ NG対応　相手のイライラに感染している

　2人のイライラが伝染して、物に当たってしまいましたね。このままだと、クラス運営もままならない状態です。あなたが怒る目的は何でしょう。弘美先生も美幸先生も、このままでいいと思っているわけではありません。2人の間をとりもつ第三者として、アンガーマネジメントを活かしましょう。

おすすめトレーニング　カップルダイアローグ　体質改善プログラム（長期的・行動的）

効果	2人の関係性が改善できなかったり、会話が平行線をたどるときに有効。
使い方	① 相手の気に入らないところを具体的に伝える。 ② 聞き手は、言われたことを繰り返す。 ③ その行動をされたときの自分の気持ちを伝える。 ④ 聞き手は、言われたことを繰り返す。 ⑤ 相手に変えてほしいことを3つ伝える。 ⑥ 聞き手は、3つのうちできそうなことを1つ選んで伝える。

「仲直りのキャッチボール」といわれ、結婚セラピーとして使われている会話法です。ここでは、弘美先生と美幸先生の仲をとりもつ第三者の役割として、話し合いを進めていきましょう。お互いの関係性や会話が平行線をたどるとき、会話のルールに沿って話を進めます。第三者として落ち着いて話ができる環境づくりをしましょう。

●適切な対応例

制作準備で口論になった弘美先生と美幸先生に、カップルダイアローグを提案してみた。お互いにとって今後の関係性を改善する打開策を見つけるためと伝え、手順に沿って始めた。

美幸先生「私は弘美先生にダメ出しされることが気に入りません」

弘美先生「私がダメだしすることが気に入らないのね」

美幸先生「下手なりにがんばっているのに、ダメ出しされると情けないしつらくなります」

弘美先生「下手なりにがんばっているのに、ダメ出しされると情けないしつらくなるのね」

美幸先生「言い方を変えてほしい。できていることを褒めてほしい。切る作業はできるだけ外してほしい」

弘美先生「言い方を変えるわ。そして、できていることも褒めるようにします」

カップルダイアローグの後、2人の関係性も変わり、私も居心地よく保育ができるようになった。

> 対上司

攻撃性（自分）のあるタイプの保育者

> 事例

　友だちとのトラブルが多い幸治君。「今の状態を保護者に伝えるべき」「発達検査に行くべき」と思い、園長先生にも相談していた。そんなとき、いつもより早い時間に迎えに来た幸治君の保護者にタイミングよく伝えることができ、「そうですか。考えてみます」と言ってもらえた。

　次の朝、私に対する苦情が届いた。園長先生には「ひとこと相談してくれないと困ります」と言われた。「昨日は園長先生は会議で不在だったため、伝言できなかっただけなのに」「いつも相談していたのだから、それぐらい察してくれればいいのに」と思うが、「結局私が悪いんだ。信頼してもらっていない」とつらくなってしまう。

❌ NG対応　自分の「べき」を押しつけている

　自分にとって正しい「べき」でも、幸治君の保護者が同じとは限りません。自分の「べき」を押しつけると、いいことにはなりません。そして、園長先生の「べき」を見ようとせず、自分が怒られたことばかりに意識が向いています。

　世の中にはさまざまな「べき」があり、「苦情は今後同じような行動をしないための良い勉強」と捉え、自分を責めるのはやめましょう。

| おすすめトレーニング | **べきログ** 体質改善プログラム（長期的・意識的） |

効果	自分の「べき」（価値観や考え方）を知っておくことで、「べき」が裏切られる場面を予測できたり、裏切られた場面で客観的に対処できるようになる。
使い方	自分が大切にしている「べき」を書き出し、優先順位をつける。自分の怒りの傾向を客観的に捉える。

　人は自分が大切にしている「べき」をもっています。しかし、「べき」をたくさんもっていれば裏切られることも多く、腹の立つことが増えてしまいます。自分がどんな「べき」をもっているかを知ることで、イラッとしやすい場面を察知できたり、その場面を冷静に行動することができます。

　そこで、自分が大切にしている「べき」を書き出し、優先順位をつけてみましょう。自分の価値観や考え方を客観的に知ることができます。

● 適切な対応例

　自分の「べき」を整理するためにべきログをつけてみた。
　①発達に関することは早めに保護者に伝えるべき
　②少しでも可能性があれば、発達検査を受けるべき
　③同僚は協力するべき
　④勤務時間は守るべき
　⑤提出物は期限を守るべき
　⑥園長先生は、保育者の味方をするべき
　「べき」を書き出すことで、自分の価値観が見えてきた。保育者としては早期発見、早期療育が正しいと思っていたから伝えたけれど、保護者にとっては受け入れがたいとは気づかなかった。保護者には伝えるべきだと思っていることだが、別の言い方や方法があったかもしれない。園長先生の「べき」をもっとよく観察していれば、出勤時にすぐ目につくところにメモを貼っておくことができたし、何があったかを伝えることができたと思う。自分の「べき」を上手に伝えることができるようになると、自分を責めることもなくなった。

他者の「怒り」との向き合い方

付　録
個人でできるワーク

ミラクルディエクセサイズ

　本書を読み進め、アンガーマネジメントについて学んできました。イライラしがちな自分を変えて、保育園の中心的役割を担うあなたが、アンガーマネジメントを活用して理想の保育者となる日は必ずやってきます。

　ミラクルディエクセサイズは、そんな理想の日をイメージすることで、アンガーマネジメントを続けていく目的を明確にするテクニックです。理想の日をイメージしてゴールを決めることで、モチベーションが上がり、成功パターンが見えてくるでしょう。

　使い方は簡単です。理想の日をイメージして書いてみる、それだけです。理想の日がやってきたとき、誰が最初にあなたの変化に気づいてくれるでしょう。その他、気づいてくれそうな人は誰でしょう。あなた自身の行動はどう変化しているでしょう。どんなことを感じているでしょう。

　これらのポイントを書き上げて、理想の日をイメージしてモチベーションを高めることで、アンガーマネジメントを続けやすくなりますよ。

付録
個人でできるワーク

24時間アクトカーム

　24時間アクトカームは、アンガーマネジメントを優先した行動をとることで、周りの人がどう変化するのかを実感できます。つまり、24時間徹底して穏やかに振る舞うということです。他人を変えることよりも、自分を変えるほうが簡単だと気づくでしょう。
　言葉づかいや表情、仕草など、すべて穏やかに振る舞うようにしてください。あえて忙しい日にやることをお勧めします。忙しいときほどイライラしやすいですからね。また、ミラクルディエクセサイズで設定した自分を演じることも意識しましょう。

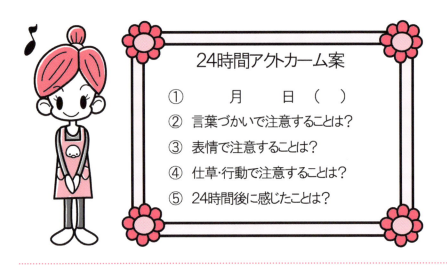

24時間アクトカーム案
① 　　　月　　　日（　）
② 言葉づかいで注意することは？
③ 表情で注意することは？
④ 仕草・行動で注意することは？
⑤ 24時間後に感じたことは？

セルフストーリー

　セルフストーリーは、あなたの未来予想図です。
　まず、自分の将来の理想像を思い描いてください。その理想に向かって進んでいく人生の主人公はあなたです。どんな保育者になりたいのか、あなたの未来の保育者像を思い描きながら、セルフストーリーを完成させましょう。
　現在の状態をスタート地点とすると、10年後はどうなっていたいと思いますか。その状態を目指すために、3年後、6年後はどうなっているのが理想的ですか。セルフストーリーであなたの未来を視覚化することで、実現させる行動がとれるようになります。
　未来の理想像からさかのぼって現在を考えることで、どんなにつらいことも成功のステップと考えられるようになるでしょう。

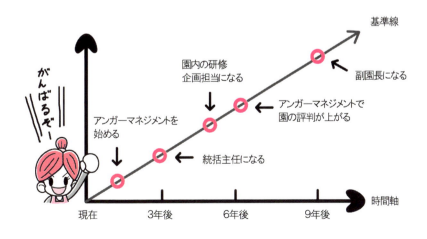

付　録
園内研修で使えるワーク

自己診断と他者診断

　第1章で、自分の怒りを自己診断しました。ここでは、怒りの強度、頻度、持続性、攻撃性の4つを軸にした四角形を作りましょう。

　まずは12頁の自己診断で四角形を作ります。次に、同僚とペアになり、相手の怒りの四角形を作ります。このとき、誰に対する怒りのタイプかを明確にしておきます。たとえば、ペアになった相手に対する怒りのイメージ（相手が自分に対してどんな怒り方をしているか）、保育をしているときの子どもに対する怒りのイメージ（相手が子どもに対してどんな怒り方をしているか）など、対象を明確にします。

　その結果が自己診断とかけ離れていれば、自分の怒りを見直すことが必要です。これは、お互いの関係性を改善するきっかけに過ぎません。結果を参考に、怒りをどのように伝えるかに重点をおいて、お互いにとって心地良い感情表現の方法を見つけていきましょう。

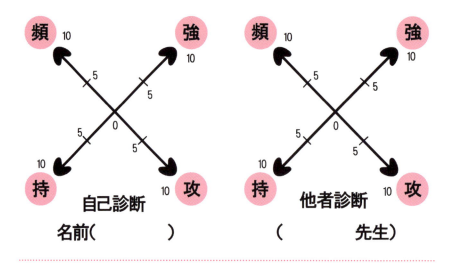

ヒーローインタビュー

　自分の成功体験を言葉にすることで、前向きな気持ちになります。2人一組になり、ペアになった相手に、自分の成功体験についてインタビューをしてもらうワークです。

　成功体験を話すことで、そのときの前向きな自分からヒントをもらうことができます。自慢話でも、ヒーローインタビューなら遠慮なく話すことができますね。インタビューをする側も受ける側も、成功体験を楽しみましょう。そのときの感情や思考、身体の変化などを詳細に聞くことで、その瞬間を再現できるようにしてください。

　インタビューのポイントは、長時間の経験ではなく、短時間の瞬間的な体験を聞き出すことです。例えば、「パネルシアターを演じたとき、子どもの集中する目を見て、最高に嬉しかった」という感じです。ヒーローインタビューを受けることで、ストレスやイライラした感情をリセットすることができるでしょう。

付　録
園内研修で使えるワーク

べきのすり合わせ

　保育者の「べきログ」を使って、同僚同士の「べき」をすり合わせるワークです。人はそれぞれ特有の「べき」をもっていますが、同じ職場で働く保育者同士は、ある程度共通理解のもとで保育を進めることが大切です。このワークはグループで取り組み、グループごとの「べき」を書き出します。

①5人のグループをつくる。
②グループで相談し、仕事をするうえで大切な「べき」を5つ挙げる。
③書き出した項目に、自分が一番大切だと思う「べき」から順に優先順位をつける。
④5人の優先順位を表に書き込む。
⑤「べき」ごとに、それぞれの順位を足し、合計を出す。
⑥一番数の少ない「べき」が、グループで一番大切だと考える「べき」とな

	ちさ先生	さき先生	みゆ先生	ゆみ先生	よし先生	合計
あいさつは気持ち良くするべき	2	3	3	1	3	12
早出当番は遅れるべきではない	3	4	5	3	1	16
書類は期限までに提出するべき	5	5	1	4	4	19
残業はするべきではない	4	1	4	5	5	19
報告・連絡・相談を大切にするべき	1	2	2	2	2	9

る。

　5人の保育者が共通して大切にするべきだと思っている項目が「報告・連絡・相談を大切にするべき」なのは明らかですが、注目してほしいのは、「書類は期限までに提出するべき」です。みゆ先生の優先順位は1番です。ところが、ちさ先生とさき先生は5番目です。つまり、みゆ先生が大切だと思っている書類の期限を、ちさ先生とさき先生はそこまで重要視していないということです。

　このギャップによるズレが、怒りにつながることもあります。このズレを埋めるために、お互いに譲れることは何かを提案し合うことも必要です。大切なのは相手の「べき」を排除することではなく、お互いに譲れるポイントを見つけることです。

「べき」のすり合わせワーク

	先生	先生	先生	先生	先生	合計

付　録
子どもと一緒に行うワーク

イメージでアンガーマネジメント

　このワークでは、子どもと一緒に「エクスターナライジング」を行います。
　自分の中にある「怒り」をイメージして具体化することで、怒りを手放しやすくなります。子どもたちがイメージしやすい声かけをしましょう。「どんな形かな？　どんな色かな？　どんな大きさかな？　どんな肌触りかな？　どんなにおいかな？　身体のどこにあるかな？」など、子どもたちがイメージする「怒り」を書き上げていきます。最後に、その紙をごみ箱に捨てて怒りを手放すイメージをもちましょう。

カード選びで アンガーマネジメント

スケールテクニックを応用して取り組むワークです。
①画用紙をカードサイズに切ったものを10枚用意します。
②その紙に1から10までの数字を書き込みます。
③保育者が事例を読み上げ、子どもは自分が怒りを感じる点数のカードを選びます。
④なぜその点数を選んだのか、理由を言える子どもには言ってもらいます。

どんな点数が付いても、否定や批判をしないようにしましょう。子どもたちに読み上げる事例は、クラスの子どもたちの「あるある事例」にします。

例）友だちに並んでいる順番を抜かされた、友だちに押された、友だちがおもちゃを貸してくれない　など。

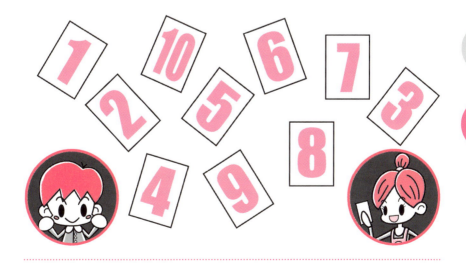

付録
子どもと一緒に行うワーク

ごっこ遊びで
アンガーマネジメント

　ガーディアンエンジェルを応用して取り組むワークです。子どもたちの大好きなごっこ遊びにして楽しみましょう。
　①2人組を作り、1人がエンジェル役になります。
　②エンジェル役の子どもは、ペアになった友だちのいいところを5つ探します。
　③エンジェル役の子どもは、ペアの友だちの後ろに立ち、耳元でそっといいところをささやきます。
　④ペアの友だちは、言われたときの気持ちを、エンジェル役の子どもに伝えます。
　⑤役を交代します。

ことば探しで
アンガーマネジメント

　自分が思わず怒りそうになったり、イライラしてきたなと感じたとき、自分を落ち着かせるために唱えることばを「コーピングマントラ」といいます。このワークは、そのコーピングマントラになることば探しをして遊びます。自分を元気づけてくれたり、勇気づけてくれることばを探せるようにしましょう。

　どんなことばを選んでもかまいません。自分の大好きなキャラクターや食べ物、好きな人の名前、好きな遊び…。また、「大丈夫、大丈夫」「ドンマイ」「笑って笑って」などでもかまいません。そのことばを唱えることで「落ち着く」ということを子どもたちに伝えておきましょう。

　実際に怒りたくなったとき、このワークを使い、事前に考えておいた落ち着くことばを唱えてみることを約束しておくとよいでしょう。

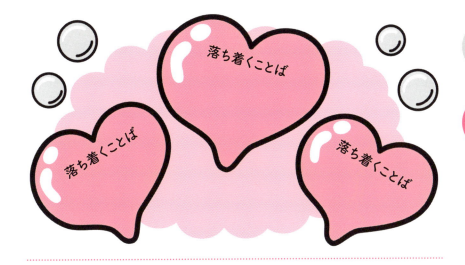

参考文献

安藤俊介
『この怒り何とかして‼と思ったら読む本』
リベラル社、2015年

安藤俊介×デューク更家
『アンガーマネジメント×怒らない体操　たった6秒で怒りを消す技術』
集英社、2016年

一般社団法人日本アンガーマネジメント協会監、川上陽子＋斎藤美華＋三浦和美
『子どもと関わる人のためのアンガーマネジメント』
合同出版、2016年

安藤俊介監、戸田久実
『いつも怒っている人もうまく怒れない人も　図解アンガーマネジメント』
かんき出版、2016年

一般社団法人日本アンガーマネジメント協会
『日本アンガーマネジメント協会テキスト』
2015年

おわりに

　今回の執筆を始めるにあたり「中堅保育者向けに書きたい」という思いが強くありました。私自身、20年間の保育士経験があり、そんな私と同期の保育者は、園の中でも統括主任の立場にいる人間が増えてきました。
　今、私が在住する岡山市では待機児童が多いことが問題となっているにもかかわらず、保育士不足で、求人をかけてもなかなか保育者が確保できない状態です。そんな中、保育者一人ひとりの負担は重く、大きくなり、そんな重圧に耐えられず、若い保育者の離職が増えているようです。
　一昔前は、若手保育者の働きが未熟であっても、それをサポートできるだけの人員と時間の余裕があったように思います。でも、今、新人保育者でさえ一人前として働かなければ、園が回らない状態にあるのです。その新人保育者を育てることこそが中堅保育者の役割であるのに、任される仕事が多く、新人の面倒を見る余裕すらないのかもしれません。
　それでも、毎日子どもはやってきて園生活は続いていきます。今の変わらない現状に怒りを感じて不満ばかりの毎日を過ごしていると、変えられるかもしれない「何か」を見つけることはできません。「変えられないものは変えられない」。でも、「変えられる」ものもあるのです。それは、あなた自身の気持ちのもち方、感情コントロールの仕方です。
　アンガーマネジメントでは、変えられないことに対しては、「あきらめる」ことも1つの方法で、自分がイライラしない対処方法と考えます。私は、園で重要な役割を担っている中堅保育者が変えら

れるものは多いのではないかと思うのです。保育者が働く環境を作っていくのは保育者です。物的環境は変えられなくても、人的環境は保育者次第で変えることができるのです。人的環境の改善は、同じ職場で働く保育者だけでなく、子どもにとっても保護者にとってもよい影響をもたらすことは予想される姿だと思いませんか。

　私は、いつか保育者向けの本を書きたいと思っていました。ですから、退職して3年でこのようなご縁をいただけたことは最高に幸せです。でも書き始めると、ブログや、Facebookとはまったく違い、なかなか文章が進んでいかないこともありました。それでも最後まで頑張れたのは、私の出版を楽しみにしてくれている家族、そして旭川荘厚生専門学院の同僚、学生たち、何より、私が20年間働いてきた公立保育園の同期のみんな、後輩、先輩方に読んでもらいたいと思ったからです。

　今回の出版に際して、私はたくさんの方々にサポートしていただきました。

　このご縁をつないでくださった旭川荘厚生専門学院の石橋真二先生、夢に向かう橋を架けていただいたことに心から感謝いたします。そして、地方在住の私に声をかけてくださった、中央法規出版第一編集部の平林敦史さん、今までいろいろとご指導いただきありがとうございました。また、起業当初から私を応援し、支えてくださっているイラストレーターの山本尚樹さん、いつもありがとうございます。

　日本アンガーマネジメント協会安藤俊介代表、戸田久実理事には、出版にあたり気持ちよく背中を押してくださり勇気をいただきました。

　最後に、「この本を読んでみたい」と手に取ってくださった保育者の皆さまに最高の幸せをいただくことができました。本当にありがとうございました。

2017年6月　著　者

著者紹介

野村恵里（のむら えり）

colorful communications 代表。保育士。岡山市内の公立保育園に20年間勤務の後、現在、旭川荘厚生専門学院専任講師。一般社団法人日本アンガーマネジメント協会公認アンガーマネジメントファシリテーター。「保育士の折れない心創りをサポート＊保育＆子育ての現場を Happy & colorful に」をコンセプトに、保育士のサポート活動に尽力。対子ども、対保護者、対同僚などアンガーマネジメントをベースに、保育に活かせるコミュニケーション方法の研修を行っている。

保育者のためのアンガーマネジメント入門

感情をコントロールする基本スキル23

2017年7月31日 初版発行
2024年6月25日 初版第5刷発行

著者	野村恵里
発行者	荘村明彦
発行所	中央法規出版株式会社
	〒110-0016 東京都台東区台東3-29-1 中央法規ビル
	Tel 03(6387)3196
	https://www.chuohoki.co.jp/
装丁	山田知子（chichols）
イラスト	山本尚樹
印刷・製本	株式会社太洋社

定価はカバーに表示してあります。
ISBN978-4-8058-5550-8

本書のコピー、スキャン、デジタル化等の無断複製は、著作権法上での例外を除き禁じられています。また、本書を代行業者等の第三者に依頼してコピー、スキャン、デジタル化することは、たとえ個人や家庭内での利用であっても著作権法違反です。

落丁本・乱丁本はお取替えいたします。

本書の内容に関するご質問については、下記 URL から「お問い合わせフォーム」にご入力いただきますようお願いいたします。
https://www.chuohoki.co.jp/contact/